선한 이웃 이야기

선한 이웃 이야기

지은이 | 윤창규
초판 발행 | 2025.8.25

등록번호 | 제 2022-000023호
펴낸이 | 이현걸
펴낸곳 | 미션앤컬처

주소 | 서울시 동작구 여의대방로 22길 121
전화 | 02-877-5613 / 010-3539-3613
팩스 | 02-877-5613
E-mail | missionlhg@naver.com

표지 디자인 및 그림 | 이시우
표지 및 내지 디자인 | 정영수
인쇄 | (주)한솔에이팩스

책 값은 뒤표지에 있습니다.
ISBN 979-11-993626-3-5

ⓒ 미션앤컬처 2025
무단 전재와 무단 복제, 무단 사용을 할 수 없습니다.

선한 이웃 이야기

하나님 사랑과 이웃 사랑으로 승부하라!

미션
컬처

그리스도 안에서 함께 동역자 된
이보라 사모에게 이 책을 바칩니다.

목차

프롤로그 • 11

Part 1
성장 과정
꿈이 심겨진 밭

믿음의 유산 • 21
시련의 구덩이 • 25
영혼을 깨운 불꽃 • 30
믿음의 불씨 • 32
부흥을 경험하다 • 37
나의 첫사랑 • 39
1장 요약

Part 2
훈련
꿈을 향한
인내의 시간

영원한 동역자 • 45
나의 가나안 • 48
하사이사 교회 • 51
세상으로 보냄 받은 교회 • 54
지역 사회와의 연대 • 56
2장 요약

Part 3

형통
꿈이 현실이 되는 순간

예배당 건축 • 63

무지개 십자가 • 67

사랑의 교차로 • 71

오천 원의 기적 • 74

사랑으로 버무린 김장 • 78

삼겹살 파티 • 82

효로 피어나는 사랑 • 85

우리 동네 대통령 • 89

3장 요약

Part 4

시련
좌절 속에서 더 깊어진 지혜

균열 • 97

인생의 감옥에서 배운 지혜 • 100

용기 • 104

내 아들 다윗 • 109

아들에게 신장을 주다 • 112

생명을 나눈 부자 • 115

결혼기념일 · 117
부부 행복 주일 · 120
4장 요약

Part 5
유산
영원히 흐르는
복음의 강

딸의 눈물 · 127
나눔을 넘어선 상생의 길 · 133
미래를 위한 씨앗 · 136
아름다운 동행 · 139
천국 잔치 · 142
하나님을 닮은 언어 · 146
5장 요약

Part 6
동행

사랑과 감사 · 153

에필로그 · 207
내 삶을 이끈 하나님의 섭리

프롤로그

끝이 아니라
지금이 시작이다

"뇌종양입니다. 교모세포종 4기로 추정됩니다. 이 녀석은 암 중에서도 가장 고약한 놈으로 수술은 가능하지만 재발 가능성이 매우 높습니다."

2025년 2월, 예기치 않게 의사 선생님으로부터 검사 결과를 듣던 중 나도 모르게 헛웃음이 나왔다. 순간 많은 생각들이 내 머리속을 스치고 지나갔다. 생각을 가다듬고 선생님께 물었다. "제게 남은 시간이 얼마나 될까요?" 선생님은 "짧으면 6개월, 통상 2년 정도지만 노력에 따라서는 5년, 드물게는 10년까지 사신 분들도 있습니다"라는 답이 돌아왔다. 지금까지 쉼 없이 달려온 목회 여정에 갑자기 드리워진 그림자였다. 두려움은 그리

오래가지 않았다. 수술 날짜를 잡고 집으로 돌아오는 차 안에서 뇌종양조차 선으로 바꾸실 하나님을 생각하며 기도했다. 여전히 하나님이 나와 함께하고 계심이 느껴졌다. 마음속에서 이런 확신이 들었다. 지금은 끝이 아니다. 이제부터 시작이다.

수술을 앞둔 주일 아침 32년을 목회하면서 그 시간 동안 성도들에게 받은 사랑을 생각하니 눈물이 흘러내렸다. 오래 전 설교했던 본문이 떠올랐다. "주는 것이 받는 것보다 복이 있도다"(행 20:35). 지금까지 성도들에게 주로 받기만 했지 한 번도 베풀지 못했다는 생각에 미안한 마음이 들었다. 어쩌면 마지막이 될지도 모른다는 생각과 그래도 비교적 건강한 모습으로 성도들에게 감사 표현을 하고 싶어서 5만원 봉투 50개를 준비했다. 오후예배를 마치고 중직자 모임에서 감사 인사와 함께 사랑의 마음을 전했다. 성도들도 눈물을 글썽이며 수술과 건강을 위해 기도하겠다고 두 손을 꼭 잡아주셨다.

저의 소식을 듣고 목사님들이 입원 전에 얼굴이라도 한 번 보자고 여기저기서 연락을 주셨다. 시간적으로 모든 분들을 만날 수 없었기에 주일 저녁에 교회에서 함께 식사하자고 했다. 그렇게 모인 분들이 52명이었다. 처음에는 김치찌개를 끓여 대접하려고 했는데 교회 주방에서 갈비탕과 여러 가지 반찬으로 푸짐하게 준비해 주셔서 작은 잔치가 되었다. 저녁 식사를 마친 후 그 동안 상황에 대해 설명하고 함께 기도하는 시간을 가졌다. 50명이 넘는 목사님들과 성도들의 기도는 마치 마가의 다락방의 기도처럼 기도의 불꽃이 타오르는 것 같았다. 모임을 마치고 돌아가는 목사님들께 10만원씩 넣은 봉투를 드렸다. 극구 사양하시는 목사님들께 "언제 또 이런 기회가 오겠습니까? 섬기고 싶은 제 마음이니 기쁘게 받아주세요." 그날 밤 저를 위해 기도하고 있다는 문자가 늦은 밤까지 계속 울렸다. 새벽 기도회에서 성도들과 함께 기도하겠다는 친구 목사님, 저녁마다 부르짖으며 기도한다는 후배 목사님, 작정기도에 들어간다는 선교사님 등등. 하나님께서 저를 혼자 두지 않으셨다. 엘리야를 위해 7천 명의 기도 동역자를 예배하신 것처럼 저를 위해서도 7천 명의 기도 동역자를 준비하셨다. 나도 모르게 큰소리로 외쳤다. "하나님 감사합니다. 하나님께서 치료해주심을 믿습니다. 할렐루야! 아멘!" 그렇게 많은 분들의 염려와 기도 속에 입원하고 다음날 아침 수술대에 올랐다.

8시간이라는 긴 수술 후에 의사 선생님으로부터 수술은 성공적으로 마무리되었다는 이야기를 듣게 되었다. 앞으로 조직검사 결과를 보고 항암과 방사선의 치료 방법이 결정될 것이라고 했다. 병원에서 지낸 며칠 동안 하나님의 강력한 임재를 느낄 수 있었다. 그래서 병상은 단순히 육체의 회복만을 위한 장소가 아니라 하나님의 말씀이 충만하게 임하는 성전이고 하나님의 꿈을 깊이 되새김질하는 거룩한 기도실이었다. 이곳까지 인도하신 하나님의 손길을 생각하니 질병이라는 고난보다 감사한 마음이 훨씬 크게 다가왔다.

병실에서 보내는 동안 오래 전부터 마음속 깊은 곳에 묻어두었던 한 사람에 대해 더 깊이 묵상하게 되었다. 그 한 사람은 바로 요셉이다. 요셉은 형들의 질투와 배신, 핍박과 오해, 깊은 구덩이와 차가운 감옥에서도 하나님을 끝까지 신뢰했던 입지전적인 인물이다. 절망스러운 고난 속에서도 결코 꿈을 놓지 않았던 요셉의 삶이 마치 나의 이야기로 다가왔다. 모든 것이 끝이라고 절규하던 순간에도 하나님은 다시금 요셉으로 하여금 꿈을 꾸게 하셨다. "꿈꾸는 자가 오는 도다!" 이 말씀은 요셉에게 하시는 말씀이 아니라 나에게 하시는 말씀처럼 들려왔다. 요셉의 이야기가 내 인생을 관통하고 있는 것만 같았다.

나는 병상에서 하나님의 꿈을 다시 붙잡았다. 아니 하나님의 꿈을 세상에 선포하고 싶었다. 너무 큰 욕심이었을까? 그래서 책을 쓰기로 결심하게 되었다. 내가 쓰는 책은 단순히 나의 목회 기록이 아닌 한 사람의 목회자가 하나님 앞에서 어떻게 살아왔고, 무엇을 고뇌했고, 실패와 절망 속에서 어떻게 다시 일어나게 되었는지를 나름 솔직하게 고백하는 자서전적인 이야기이다. 하나님께서 주시는 꿈은 인간의 꿈과는 본질적으로 다르다. 하나님은 당신이 주신 꿈을 반드시 누군가를 통해 이루신다. 나는 더 이상 꿈꾸지 않는 이 시대에, 어쩌면 소망을 잃어가는 한국 교회와 목회자들에게 하나님의 꿈을 함께 꾸자고 강력하게 권하고 싶다. 병상에서 하나님이 내게 보여주신 요셉의 꿈은 지금까지도 생생하다. 이 꿈이 우리 교회와 지역 사회 그리고 이 책을 읽을 모든 분들의 마음속에 다음 세대로 계속 전해졌으면 좋겠다.

내게 찾아온 뇌종양은 표면적으로는 '끝'을 알리는 신호처럼 보였지만 하나님을 신뢰하는 나에게는 오히려 '시작'을 알리는 신호탄과도 같았다. 이제 나는 전보다 더 확고하고 분명한 믿음으로 하나님 한 분만을 바라본다. 앞으로 내게 주어진 시간이 얼마일지는 알 수 없지만 하나님 나라를 위해 마지막 순간까지 쓰임 받고 싶다. 파란만장한 요셉의 삶에서도 모든 것을 합력하여 선으로 이끄셨던 하나님께서 내 삶도 또한 합력하여 선으로 이끄실 것을 믿어 의심치 않는다.

> 당신들은 나를 해하려 하였으나 하나님은 그것을 선으로 바꾸사 오늘과 같이 많은 백성의 생명을 구원하게 하시려 하셨나니(창 50:20).

2025. 8. 25
꿈쟁이 윤창규 목사

Part 1

성장 과정
꿈이 심겨진 밭

누구에게나 인생에는 시작이 있고 그 시작에 중요한 것은 어떤 씨앗이 심겨지는가에 따라 인생의 방향이 달라진다는 것이다. 나의 어린 시절은 그리 평탄하지 않았다. 하지만 평탄하지 않은 성장 과정에도 믿음이라는 소중한 유산을 부모님께로부터 물려받았고 역경 속에서도 꿈을 꾸는 법을 배우게 되었다. 요셉이 하나님의 꿈을 꾸며 어린 시절을 보냈던 것처럼 나 또한 하나님의 꿈을 꾸며 그 꿈을 키워나갔다. 1장은 나의 어린 시절부터 청년기까지 이야기가 펼쳐진다.

믿음의 유산

6남 1녀 중 다섯째 아들로 태어났다. 아버지 고향은 신앙의 도시로 알려진 평안북도 용천군(신의주 남쪽)이다. 일제 강점기에 태어나신 아버지는 한국전쟁 때 4형제와 함께 피난길에 올랐다. 그 험난했던 피난길에 형제 한 분을 잃는 아픔을 겪었지만 3형제와 함께 전북 김제 땅에 정착하게 되었다. 독실한 기독교 집안에서 성장한 아버지와 삼촌들은 조부모님으로부터 물려받은 신앙으로 평생을 믿음으로 사셨다. 할머니는 목회자를 지극정성으로 섬기며 누구보다 교회 일에 헌신하신 기도의 여인이었다. 자녀들이 부모님으로부터 물려받은 가장 큰 유산은 다름 아닌 '믿음의 유산'이었다. 조상대대로 내려오는 기독교 신앙을 가장 큰 복으로 생각하며 살았다고 해도 결코 틀린 말은 아니었다.

아버지께서는 전주서문교회 성경 학교에서 신학을 공부하시고 김제대화교회에서 전도사님으로 첫 사역을 시작하셨다. 그 때 어머니를 만나셨다. 총각 전도사였던 아버지에게 어머니는 첫 눈에 마음을 빼앗기셨다고 한다. 맏딸인 어머니는 가정교사를 둘 정도로 부유한 집안이었음에도 외조부님은 피난민 사위를 흔쾌히 받아주셨다. 어쩌면 외조부님은 아버지의 겉모습보다는 내면에 감춰진 믿음을 보셨는지도 모르겠다.

두 분은 그렇게 운명적으로 만나 결혼하셨고 일곱 남매를 낳으셨다. 아버지께서 74세에 하나님의 부르심을 받은 이후에도 어머니는 평생을 고향 교회를 섬기셨다. 지난 2월 102세까지 교회를 출석하시다가 그토록 그리워하시던 하나님의 품에 안기셨다. 45년 동안 어머니를 모신 형님과 형수님께 깊이 감사드린다. 어머니는 노년에도 용돈을 모아 헌금하시고 목사님과 성도들을 대접하는 일을 쉬지 않으셨다. 기쁨으로 교회를 섬기시다가 교회가 한 눈에 바라다 보이는 고향 집 잔디마당에 아버지와 함께 영원한 안식에 들어가셨다. 그 모습을 보고 있으면 마치 평생의 짝꿍과 마주 보며 나란히 서 있는 오래 된 두 그루의 나무와도 같았다.

5년 전 97세 어머니와 단 둘이서 제주도 2박 3일 여행을 다녀왔다. 어머니를 휠체어에 태워 아름다운 제주 섬 이곳저곳을 함께 여행하며 맛있는 음식도 먹고 저녁에는 밤이 깊도록 이야기를 나눴다. 그때 아버지와 어머니의 러브 스토리를 비교적 자세하게 들을 수 있었다.

너희 아버지가 우리 교회 전도사로 처음 부임해 오셨는데 나는 첫 눈에 홀딱 끌렸단다. 단정하기 그지없는 자태로 강단에 서서 말씀을 전하는 총각 전도사를 보고 있노라면 내 가슴이 괜스레 콩닥콩닥 뛰었지. 넌지시 손이라도 한 번 잡아보고 싶었다만 그 시절엔 언감생심이었지. 허허.

어머니의 눈빛은 젊은 시절로 되돌아간 듯했다. 어머니께서 아버지를 얼마나 사랑하셨는지 알게 되었다. 어머니는 시골에서 가난한 전도사 아내로 살면서 겪었던 많은 어려움에도 불구하고 남편을 향한 사랑과 신뢰로 그 많은 어려움들을 이겨낼 수 있었다고 하셨다. 노년에 아버지께서 거동이 불편하셨을 때도 어머니는 마지막까지 아버지 곁을 지켜주셨다.

어머니는 믿음 안에서 가족을 이루고 사는 58명의 자손들을 바라보며 더없이 기뻐하셨다. 그 많은 자손들 중에서도 특히 목회의 길을 걷고 있는 나를 더 자랑스러워하셨다. 주일 예배가 끝난 후에 집으로 돌아오시면 습관처럼 텔레비전을 켜고 아들의 인터넷 설교를 듣는 것을 가장 큰 낙으로 생각하셨다. 세상 그 무엇과도 바꿀 수 없고 세상 그 어떤 것으로도 환산할 수 없는 믿음을 유산으로 물려주신 아버지와 어머니, 이제 하나님의 부르심을 받아 천국에서 평안히 안식하고 계시지만 부모님의 따뜻한 사랑과 믿음의 발자취가 내 삶 깊숙이 스며들어 오늘도 살아갈 힘을 준다. 부모님의 부재가 오늘따라 가슴 시리도록 더욱 그립다.

시련의
구덩이

초등학교 5학년 때 서울로 올라왔다. 당시 서울에 머물고 계시던 아버지께서 아들 중 하나는 대도시에서 더 넓은 세상도 경험하고 공부하기를 바라셨기에 나를 서울로 불러 올리셨다. 그렇게 나는 봉천초등학교를 다니게 되었다. 하지만 얼마 지나지 않아 아버지는 시골로 내려가셨고 서울에서 공무원 생활을 막 시작한 큰형님 댁에 맡겨지게 되었다. 당시 형님은 월급 7천 원으로 방 한 칸을 사글세로 얻어 가정을 꾸리고 있었는데 형님에게 동생의 존재는 짐처럼 느껴졌을 것이다. 나 때문에 형님은 다락이 있는 집으로 이사를 했다. 그때부터 다락방 생활이 시작되었다. 비좁고 어두운 다락에서 밤마다 악몽과도 같은 꿈을 꾸기도 했다.

보광동 오산중학교에 입학했지만 집에서 거리가 너무 멀었다. 버스비가 없어서 매일 그 먼 길을 뛰어다녔다. 형수님께 부담을 드리기 싫어서 도시락을 싸달라는 말을 꺼내지 못했다. 점심시간이면 친구들의 눈을 피해서 학교 운동장에서 수돗물로 허기진 배를 채우기도 했다. 등록금도 제 시간에 내어본 적이 없다. 교무실에 불려가 등록금 독촉을 받는 일은 다반사였고 선생님의 불호령이 떨어졌다.

윤창규! 부모님께 독촉장을 보낸 지가 언젠데 아직까지도 소식이 없어. 부모님을 모시고 오던지, 내일까지 등록금을 내던지. 그렇지 않으면 출석해도 결석 처리될 줄 알아. 이건 학교 방침이니 어쩔 수 없다.

그때마다 밀려오는 수치심은 어린 내 가슴을 갈기갈기 찢어놓았다. 학교에서 겪게 되는 일을 시골에 계신 부모님이나 큰형님에게 한 번도 말하지 않았다. 형님께도 부담 드리고 싶지 않았고 부모님께는 더더욱 심려를 끼쳐드리고 싶지 않았다. 방학에 시골집에 내려가서도 말하지 않았다. 아무런 내색을 하지 않는 아들을 보면서 부모님은 아무 문제없이 학교를 다니고 있을 거라고 생각하셨다. 나 혼자서 세상 모든 짐을 져야 하는 것이 어린 나에게는 마치 숙명처럼 느껴졌다.

　외가는 당시 천석꾼으로 불릴 정도로 부유했다. 어머니는 결혼할 때 친정에서 수천 평의 땅을 물려받았지만 물려받은 땅을 팔아서 육남매 공부를 시켰다. 그런데 서울에서 생활했던 나는 그 혜택을 받지 못했다. 부모님은 큰아들이 알아서 잘 챙겨줄 거라고 생각했다. 친구들이 엘리트나 스마트 상표의 메이커 교복을 입고 자랑할 때 나는 색이 바래고 다 헤어진 교복으로 3년을 버텼다. 잘 먹지 못해 또래보다 체격이 작았다. 방과 후에는 갈 곳이 없었다. 그나마 유일한 안식처가 남산도서관이었다. 도서관은 입장료가 없었다. 그래서 도서관에서 시간을 보내는 것이 나의 유일한 기쁨이었다. 당시 구내매점에는 국수 국물을 5원에 팔았는데 친구들이 도시락을 국물에 말아 먹을 때 나는 건더기 없는 국물을 들이켜며 부러운 눈으로 친구들을 바라봤던 적이 한 두 번이 아니었다.

중학교를 졸업했지만 일반 고등학교는 갈 수가 없었다. 하는 수 없이 야간 고등학교를 다녔다. 낮에는 생활비를 벌기 위해 공장을 다녔고 봇짐장사도 했다. 시내버스 안에서 책을 팔기도 하고 아줌마들이 모인 곳을 찾아다니며 머리빗 세트도 팔았다. 동대문 시장에서 개당 70원에 떼어온 빗을 100원에 팔면 30원이 남았다. 그렇게 내 삶을 지탱했다. 이런 현실에서 학업에 온전히 집중할 수 없었다. 친구들이 꿈을 키워나갈 때 나는 생존을 위해 몸부림쳤다. 힘든 청소년 시기를 보냈다. 절망의 그림자가 드려질 무렵 때마침 서울로 올라온 누님의 도움을 얼마동안 받았다. 짧은 시간이었지만 부모님을 대신해서 따뜻하게 보살펴주신 누님의 따뜻한 손길은 지금까지도 가슴 한 곳에 포근한 추억으로 남아 있다. 독학으로 피아노를 배우고 교회 반주를 할 만큼 지혜롭고 영민하고 신앙심 깊은 누님은 권사로 교회를 섬기고 있다.

막 결혼해서 신혼살림을 꾸리며 어린 시동생을 보살펴주셨던 큰형수님께도 감사드린다. 젊은 새댁이 얼마나 힘들었을까. 형수님은 늦게 신앙생활을 하셨다. 형수님은 시동생이 찾아갈 때마다 예배를 부탁하실 정도로 믿음 좋은 권사님이 되셨다. 젊은 시절 철없이 행동했던 자신의 행동이 많이 후회된다고도 하셨다. 이미 고인이 되셨지만 큰형님 내외분께 감사와 존경의 마음을 보낸다. 두 분 또한 많이 그립다.

영혼을
깨운 불꽃

10대 청소년 시절 겪었던 가난과 배고픔은 훗날 긍휼과 목양의 은사를 부어주시기 위한 하나님의 계획이었는지도 모르겠다. 하나님께서는 혹독한 시련을 통해 요셉과 같은 믿음의 사람을, 여호수아와 갈렙과 같은 열정의 사람을 준비시키셨던 것처럼, 나를 향한 하나님의 준비 작업은 남서울중앙교회 피종진 목사님과의 만남을 통해서였다. 당시 성서신학대학 입학을 앞둔 열아홉 청년은 운명처럼 목사님을 만나게 되었다. 목사님의 설교를 듣는 순간 영혼을 뒤흔드는 성령 체험을 하게 되었고 인생 자체가 새로운 궤도로 접어든 것 같았다. 목사님의 설교 가운데 내면을 뒤흔든 말씀이 여호수아와 갈렙의 흔들림 없는 신앙에 대한 설교였다. 이스라엘의 열두 정탐꾼 가운데 하나님을 신뢰했던 두 사람의 담대한 신앙이 나에게 부어진 듯 내 삶이 180도 바뀌기 시작했다. 절망의 언덕에서 새로운 인생길이 눈앞에 펼쳐졌다.

목사님은 그때나 지금이나 변함없이 절대 긍정 에너지를 발산하시는 분이시다. 목사님은 참 목회자의 모습을 몸소 보여주셨다. 목사님이 전하는 말씀에서 살아 있는 생명력이 느껴졌고 신앙생활은 매 순간 기쁨과 즐거움으로 가득했다. 나의 생각과 행동이 달라지면서 삶도 변화되기 시작했다. 부모님의 성품과 리더십을 물려받은 것도 있지만 그보다 하나님의 말씀이 내 인생을 송두리째 변화시킨 가장 강력한 원동력이 되었다. 성경적인 신앙을 소유한 사람이라면 누구나 예외 없이 적극적이고 긍정적인 사람이 될 수밖에 없다. 성경적인 신앙만이 하나님의 눈으로 세상과 사람을 바라볼 수 있게 하기 때문이다.

믿음의
불씨

1980년 푸른 제복을 입었다. 군대에 입대한 지 얼마 되지 않아서 5·18 광주민주화운동이 일어났다. 내가 배치받은 곳은 울산의 한 정유 부대였다. 당시 경인, 울산, 여수 이렇게 세 곳에 정유 부대가 있었다. 그때만 해도 군대 안에는 비인간적인 병영 문화가 많이 있었다. 선임병이 후임병에게 가하는 괴롭힘은 말할 것도 없고 구타에 온갖 심부름까지 선임들이 후임들을 끊임없이 괴롭혔다. 크리스천의 눈으로 바라볼 때 이런 행동들이 나를 몹시 힘들게 만들었다. 암묵적으로 용인되던 폐단들이 하루빨리 없어지길 기도했다. '하나님이 어떤 분인지 선임병도 알게 되면 이렇게 함부로 후임병을 대하지 않을 텐데.' 선임병들도 예수님을 인격적으로 만나 변화되기를 바라는 기도를 멈추지 않았고 그 기도는 곧바로 행동으로 이어졌다. 나는 신앙을 가진 병사들과 신우회 조직을 준비하게 되었다.

처음에는 선임들과 동기들이 어디서 천연기념물이라도 나타난 듯 부정적으로 바라보았다. 그러나 나의 진심과 열정이 그들의 마음을 움직이기 시작했다. 마침 인사계장의 부인이 신실한 크리스천이었는데 그분이 남편을 통해 신우회를 조직할 수 있도록 힘을 보태주었다. 장교나 부사관이 아닌 일반 사병이 군대에서 신우회를 조직한다는 것은 상상할 수 없는 일이었다. 그런데 주님께서 기적적으로 길을 열어주셨다. 그래서 우리는 매주 금요일마다 체육관에 모여 예배드릴 수 있게 되었고 그 숫자가 늘어나자 주일예배는 물론 저녁 예배와 수요 예배까지 드릴 수 있게 되었다.

저녁 9시가 되면 점호 시간에 5~10분 동안 명상의 시간이라는 것이 있었다. 나는 신학생이라는 이유로 그 시간을 인도하게 되었는데 마이크에서 나오는 심한 잡음 때문에 언제나 신경이 많이 쓰였다. 한 번은 불교 신자였던 선임이 별 이유 없이 시비를 걸어왔다. "야, 임마!

조용히 좀 해!" 순간 심한 모욕감을 느꼈다. 하지만 아무런 대꾸도 하지 않았다. 그리고 다음 날 조용히 선임을 찾아가서 차 한 잔을 나누며 대화를 나눴다. 이후 선임과 더 좋은 관계를 맺게 되었다. 하지만 문제를 해결하기 위해서는 음향 장비 교체가 무엇보다 시급했다. 그러려면 후원이 절대적으로 필요했다. 그래서 교회 장로님인 소아과 원장님을 찾아가서 자초지종을 말씀드렸더니 10만 원을 흔쾌히 후원해 주셨다. 하지만 장비를 갖추려면 20만 원 정도가 더 필요했다. 그렇게 시작된 모금과 신우 회원들이 십시일반 헌금한 돈을 가지고 낙원 상가로 향했다. 거기서 스피커를 사고 기술자까지 모시고 와서 설치까지 완벽하게 마무리했다. 장비 설치를 기념하며 찬조해주신 장로님을 모시고 감사 예배도 드렸다. 신우회 활동은 많은 열매로 나타났다. 제대할 때 부대 복음화율이 68%나 되었다. 제대를 연기하고 싶을 정도로 기쁨으로 신우회를 섬겼다. 제대할 시간이 다가오자 하나님께서 또 다른 친구를 우리 부대로 보내주셨다. 당시 장신대 신대원생인 후임 조이환을 보내주셨다. 신우회를 그 친구에게 맡기고 나는 임무를 마치게 되었다.

군대에서 가장 기억에 남는 것은 체육대회이다. 매년 정유 부대가 모여 친선 체육대회를 열었는데 지난 10년 동안 우리 부대는 단 한 번도 우승을 한 경험이 없었다. 평소 운동 감각이 남다른 내가 축구팀과 럭비팀 선수로 뛰었다. 선수로 뛰면서 가장 먼저 한 일은 기술적인 부분보다는 팀원들을 진심으로 섬기고 독려하며 팀워크를 만드는 것이었다. 마침내 경기 당일 인천 경인 부대에서 열린 체육대회에서 두 종목 모두 1등을 차지하게 되었다. 부대 역사상 첫 번째 우승에 지휘관도 더없이 기뻐하셨다. 그때부터 지휘관의 비서처럼 그분의 지근거리에서 신임을 받았다. 무슨 일이든 "윤 병장! 자네가 한 번 해보게. 윤 병장! 이것도 자네가 한 번 맡아줄 수 있겠나."

그때부터 지휘관의 개인 비서 역할까지 했다. 진급 검열 서류부터 보이지 않는 곳에서 주어지는 임무에도 언제나 최선을 다했다. 군대 생활 내내 순간순간을 요셉처럼 꾀부리지 않고 진심을 다해 일했다. 병사들이 하찮게 여길 수 있는 청소나 커피를 타는 사소한 일까지 매순간 주님께 하듯 정성을 다해 일했다. 나의 일거수일투족을 하나님께서 보신다는 믿음으로 무슨 일이든 즐겁고 감사한 마음으로 일했다. 그 결과 군대에서 나의 신앙은 더욱 단단해졌고 하나님 안에서 나의 존재 가치를 발견하는 소중한 훈련장이 되었다.

부흥을 경험하다

33개월 군 복무를 마치고 교회로 돌아왔다. 그런데 눈앞에 펼쳐진 광경을 보고 놀라움을 금치 못했다. 3년이 채 되지 않은 시간에 350명 정도 모였던 교회가 2,000명이 모이는 교회로 성장했다. 나의 영적 스승이신 피종진 목사님께서는 한국 교회를 대표하는 부흥 강사로 전국을 누비며 복음의 씨를 뿌리고 계셨다.

10월에 제대하고 군복 냄새도 채 벗지 않았던 나에게 목사님께서 청년부 회장이라는 중책을 맡기셨다. 그때 중등부 교사도 겸하게 되었다. 당시 중등부는 70명 정도 모였다. 신대원에 재학 중이던 전도사님이 연말에 사임하게 되면서 성서신학대학 2학년에 다니던 내가 그 빈자리를 이어받아 전도사로 사역을 시작하게 되었다. 70

명 학생들 앞에서 첫 부임 설교를 했다. 내가 가장 좋아하고 또 가장 잘 안다고 생각했던 요셉 이야기를 설교 주제로 정했다. 학생들 앞에 서면 할 말이 정말 많을 거라고 자신만만했는데 막상 강대상에 서서 10분 정도 설교하고 나니 거짓말처럼 할 말이 사라졌다. 최소한 20분은 설교해야 하는데 원고도 제대로 준비하지 않은 채 열정 하나만으로 강대상에 올랐던 것이다.

나의
첫사랑

첫 설교는 해프닝으로 끝났지만 너무 감사한 것은 나의 설교와 관계없이 중등부는 계속 부흥했다. 어느덧 출석 인원이 250명으로 성장했다. 하지만 외적인 성장보다 더 중요한 것이 내적인 성장이었다. 학생들이 하나님을 인격적으로 만나서 삶이 변화되는 것이 더 중요했다. 그래서 학생들을 변화시키는 훈련을 여름 수련회에 집중시켰고 수련회야 말로 학생들을 예수 그리스도의 용사로 훈련시키는 최적의 시간이기도 했다. 당시 수련회 장소는 아주 열악했는데 선풍기 몇 대로 그 많은 인원들이 지내야만 했다. 그러나 성령의 역사는 열악한 환경을 뛰어넘어 역사했다. 집회마다 말씀의 은혜로 충만했고 찬양은 뜨거웠으며 기도회 시간에는 자신의 지난 잘못을 진심으로 회개했다. 수련회 이후 학생들은 표정도 언어도 삶도 달라졌다.

　나는 내가 가지고 있는 열정을 중등부에 쏟아 부었고 30명의 반장과 30명의 임원을 뽑아서 훈련시켰다. 나의 열정은 여기서 멈추지 않았고 학생들의 성적표까지 가져오게 했고 중학교 3학년들은 성적 관리까지 해주었다. 특히 학업 성적이 부진한 학생들은 대치동 도서관에 자리를 잡고 함께 공부하며 가정교사를 자처했다. 그리고 그들에게 입버릇처럼 말했다.

　예수님 믿으면 성적이 오르는 것이 당연하다. 믿는 너희는 부모님과 선생님 그리고 친구들에게 인정받는 사람이 되어야 한다. 행실도 바르고 학교 공부도 더 잘해야 한다. 그렇게 하는 것이 하나님의 영광을 위한 것이다.

　학생들에게 공부해야 하는 이유를 자주 강조했다. 학생들과 함께 울고 웃으며 그들 곁에서 성장통을 지켜보며 그들의 앞날을 진심으로 응원했다. 학생들도 나의 가르침과 기도를 양분으로 삼아 무럭무럭 잘 자라주었다.

모든 것이 은혜였다. 그때 가르침을 받았던 학생들이 목회자로, 선교사로, 교회 중직으로 사회 각계각층에서 선한 영향력을 미치고 살고 있다는 소식을 듣게 된다. 중등부를 섬기면서 소명을 깨닫게 되었고 영혼에 대한 사랑의 마음도 품을 수 있게 되었다.

❶ 장 요약

나의 인생 첫 장은 역경 속에서도 믿음을 붙잡았고 고단한 청소년기와 군대 생활 그리고 첫 사역지에서의 부흥을 경험하며 성장해 나갔다. 요셉이 척박한 환경에서도 꿈을 꾸고 인내를 배우며 자신을 훈련했던 것처럼 나 또한 어린 시절 목회자로서의 소명을 발견하고 그 소명을 향해 첫 발을 내딛었다. 2장에서는 첫 발걸음을 떼어 나의 가나안이라고 믿었던 교회로 청빙 받고 목회를 시작한 이야기가 펼쳐진다.

Part 2

훈련
꿈을 향한 인내의 시간

요셉은 형들에게 팔려 노예로 전락했지만 그 시간은 자신을 더욱 단련시키는 훈련의 시간이었다. 타향살이와 고된 고난 속에서도 그는 하나님을 향한 믿음을 잃지 않고 묵묵히 자신의 길을 걸어갔다. 나의 삶 또한 그랬다. 안정된 길 보다는 하나님의 부르심을 따라 낯선 길이라도 그 길을 걸었다. 익숙함보다는 새로운 광야와 같은 목회지에 발을 들이고 인내로 터를 닦고 꿈이라는 씨앗을 뿌렸다. 2장에서는 인내와 훈련 그리고 사랑하는 동역자이자 아내와의 만남을 통해 나의 목회 철학이 뿌리내리게 된 인생 여정을 소개하고자 한다.

영원한 동역자

나의 이상형은 현모양처였다. 오늘날 MZ세대들은 배우자의 경제력을 최우선 순위로 꼽지만 그때는 대부분 나와 비슷한 꿈을 꾸었다. 아내를 처음 본 순간 그녀는 왠지 모르게 나의 이상형과는 거리가 먼 여인처럼 느껴졌다. 아내는 배우자의 첫째 조건으로 예수님을 위해서 목숨을 버릴 수 있는 사람을 찾는다고 했다.

평소 가깝게 지내던 사모님의 주선으로 그녀를 소개받았다. 사모님은 자매를 놓치면 평생 후회할 거라고 말했다. 나는 4학년이었고 자매는 3학년으로 같은 학교를 다녔다. 첫 만남에서 그녀의 패션 스타일이 유독 내 눈에 튀어 보였다. 훤칠한 키에 서구적인 이목구비 그리고 가죽 재킷에 무릎까지 올라오는 롱부츠를 신은 그녀의 모습은 가난한 신학생이던 나에게는 너무 낯설었다. 나는 솔직하게 말했다. "어쩐지 나와는 동떨어진 세계에서 사시는 분 같습니다. 가난뱅이 신학생인 제게는 전혀 어울리지 않습니다." 그녀는 나를 나무라듯 말했다. "윤 전도사님, 실망입니다. 외모나 겉모습만 보지 마시고 그 사람 속에 진정 무엇이 담겨 있는가를 보세요."

그녀의 말은 옳았다. 나는 그녀를 만나서 서로의 비전에 대해 이야기했다. 대화를 하면서 나는 그녀의 영혼 깊숙한 곳에 복음, 즉 예수 생명이 살아 숨 쉬고 있음을 발견했고 간절한 마음으로 기도할 때 하나님께서 응답해주셨다. 세 번째 만남에서 프러포즈를 했다. 자매는 뜻밖의 프러포즈에 아직까지 공부를 마치지 않았다, 곧 일본 선교를 가게 될 것 같다, 결혼 준비가 전혀 되어 있지 않다는 이런저런 이유를 대며 주저했다. 나는 자매의 걱정을 한순간에 잠재웠다. "그런 문제라면 전혀 문제될 것 없으니 전부 저한테 맡기세요."

일사천리로 결혼을 밀어붙였다. 곧바로 양가 부모님을 찾아뵙고 결혼하겠다고 말씀드렸다. 우리는 1986년

4월 5일 백년가약을 맺었다. 서른 살이 다 되도록 이성 교제 한 번 해보지 못했던 내가 이렇게 거침없이 직진할 수 있었던 것은 하나님의 이끄심이지만 하나님께서 나에게 주신 확고한 믿음이 있었기 때문이다. 오랜 시간을 방황하며 떠돌이처럼 생활했던 나에게 결혼은 기적처럼 집과 새로운 가족을 선물해주었다. 내 힘으로 마련한 것 하나 없이 시작한 결혼생활이었지만 아내의 든든한 지원 아래 비교적 안정적인 목회를 할 수 있게 되었다. 아내는 복음에 대한 뜨거운 열정과 기도하는 여성으로 영성에 경제적인 능력까지 갖춘 현숙한 여인이었다. 그녀는 굳이 목회자의 아내가 아니라 단독 목회를 했더라도 그 누구보다 탁월하게 사역을 감당했을 것이다. 그런 그녀가 나의 조력자가 되어 40년 가까운 세월 동안 묵묵히 내 곁을 지켜주고 있다. 때로는 무모하다 싶을 만큼 많은 일을 만들어 내는 나에게 아내는 한 번도 싫은 내색을 하지 않았다. 강단에서 새로운 계획을 선포하면 그것이 반드시 이루어지게 해달라고 밤낮 눈물로 기도하며 일평생 내 곁을 지켜주었다.

나의
가나안

서른여섯 살인 1993년 겨울, 내 인생에 중요한 전환점이 찾아왔다. 관악구 신림동에 위치한 남부교회로부터 담임목사 청빙을 받게 된 것이다. 당시 사역하던 교회는 외형적으로나 내면적으로나 부족한 것이 없었다. 나는 그런 안정된 곳에서 안주하기보다 영적으로 육적으로 더 많은 땀을 흘려야 하는 새로운 목회지로 자리를 옮기게 된 것이다. 며칠 밤낮을 기도하며 하나님의 뜻을 구했다. 그리고 내 안에 거부할 수 없는 확신이 찾아왔다.

동료들은 하나 같이 뜯어말리며 가지 말라고 했다. "강남에서도 얼마든지 안정되고 편안하게 목회할 수 있는데 굳이 왜 거기를 가서 사서 고생을 하느냐?" 담임목사님과 사모님도 사표를 가져가라고 간곡하게 만류했다. 당시 사역하던 교회는 폭발적으로 성장하고 있었고 분당에 지교회를 세울 계획을 가지고 있었는데 그곳에 나를 보낼 계획이라고 하셨다. 하지만 나의 결심은 변하지 않았다. 주님께서 가라고 명령하신 그곳이 바로 사명지임을 확신했기 때문이다. 세상의 눈으로 볼 때 잘 닦여진 8차선 포장도로를 마다하고 비포장에 흙먼지가 날리는 길을 선택한 이해할 수 없는 우매한 사람처럼 보였을지도 모르겠다. 피 끓던 스무 살 청년부터 서른여섯 살까지 16년을 교사와 부교역자로 사역하며 나의 목회 인생에 모판이 되어준 교회를 떠난다는 것은 결코 쉽지 않은 결정이었다. 이 일로 주변 사람들에게는 아주 고집 센 목사로 통했다. 몸은 떠났지만 지금까지도 목사님을 영적 스승으로 깊이 존경하며 부모님처럼 모시고 있다.

하나님의 부름을 받고 발걸음을 옮긴 남부교회는 강남의 교회들과는 사뭇 달랐다. 낡은 건물에 80평 남짓한 부지에 70여명의 성도들이 출석하고 있었다. 주변 환경도 매우 열악했고 교회 재정도 넉넉하지 않는 척박한 땅이었다. 하지만 이곳이 우리 주님께서 내게 허락하신 가나안, 즉 약속의 땅임을 믿었기에 그 낯선 땅에서 매일 교회 간판을 바라보며 흔들림 없이 그 자리를 지켰다. 32년 전 불모지와 같은 땅에서 첫 설교를 마치던 날 소문으로만 들었던 장로님들의 텃세는 생각했던 것보다 더 대단했다. 장로님들은 새로 부임한 서른여섯 살의 젊은 목사를 미덥지 않은 시선으로 바라보았다. '어디 한번 잘 해봐라. 얼마나 버티나 지켜보지'라는 듯한 눈으로 탐색하는 듯했다. 그런 장로님들의 깊은 의구심을 빠른 시간에 떨쳐내야만 했다. 이 교회가 하나님께서 허락하신 약속의 땅임을 다시 한 번 마음에 새기며 나의 목회 철학과 비전을 담대하게 성도들에게 선포했다. 그것은 다름 아닌 '하나님 사랑과 이웃 사랑'이라는 목회 철학을 내걸고 지역 사회에 선한 이웃이 되는 교회 공동체를 만들어 가는 것이었다.

하사이사
교회

'하사이사'는 성경 전체의 요약이라고 할 수 있는 '하나님 사랑과 이웃 사랑'의 줄임말이다. 지금은 우리 교회 성도들이라면 누구나 다 아는 말이지만 처음에는 무슨 암호인가 물어보시는 분들도 계셨다. 나는 성도들에게 구약 성경과 신약 성경에 나타난 하나님 사랑과 이웃 사랑이 어떻게 지역 섬김으로 나타나야 하는지를 끊임없이 말했다. 십계명부터 시작해서 온 율법을 하사이사로 요약했고 예수님의 가르침은 말이 아닌 행동이고 실천임을 단순한 것 같지만 하나님의 진리가 여기에 모두 담겨 있음을 강조했다. 하나님의 사랑을 받은 자, 그분의 은혜로 구원받은 하나님 나라 백성들은 그 은혜와 사랑에 감격하여 세상에서 빛으로 소금으로 하나님의 사랑을 전하는 삶을 살아야 한다. 이것이 교회의 사명이자 하나님께 영광을 돌리는 삶이라고 수없이 강조했다.

우리는 예수님의 사랑을 통해서만 진정한 사랑을 실천할 수 있다. 예수님이 우리를 사랑하신 사랑은 아가페 사랑이다. 아가페 사랑이 무엇인가? 아가페 사랑은 첫째로 조건 없이 주는 것이다. 예수님이 죄인인 우리를 위해 조건 없이 자신의 생명을 내어주신 것처럼 사랑은 조건 없이 주는 것이다. 둘째로 아가페 사랑은 희생하는 것이다. 십자가 희생처럼 우리의 희생을 통해서 사랑이 나타나야 한다. 셋째로 아가페 사랑은 섬기는 것이다. 사랑은 섬기는 삶으로 나타나야 한다. 이것이 교회가 실천해야 할 사랑의 본질이다.

크리스천들이 모이는 교회는 죄로 어두워진 세상을 비추는 빛이 되어야 하고 썩어져가는 세상에 소금이 되어야 한다. 그런데 오늘 한국 교회에서 빛과 소금이라는 말의 의미가 많이 퇴색되어 빛바랜 이름으로만 사용되고 있는 것 같아 안타까운 마음이 크다. 다시 한국 교회가 하사이사 정신으로 세상에서 빛과 소금의 역할을 감당하는 교회로 거듭남으로써 진정한 부흥이 임하길 기도한다.

나는 목회하는 동안 성경의 원리대로 믿고 살아내고자 했다. 하나님께 받은 사랑에 감사하여 이웃들에게 그리스도의 사랑을 전하는데 시간과 물질을 아낌없이 쏟아 부었다. 어떤 대가를 바란 것도 아니고 조건 없이 퍼주그 또 퍼주는 짝사랑의 발걸음을 쉬지 않고 걸어갔다. 어두운 밤하늘을 밝히는 십자가처럼 성도들의 얼굴이 전도지가 되고 손과 발이 복음을 전하는 도구로 쓰임받기를 소원했다. 그 결과 성도들 모두가 성경 말씀을 믿고 그대로 순종하며 하나님 사랑과 이웃 사랑의 실천에 그 어떤 교회보다 앞장서게 되었다.

세상으로
보냄 받은 교회

교회의 존재 목적이 신앙의 계승이나 하나님께 드리는 예배에만 있지 않다. 교회의 존재 목적은 이웃과 세상을 향해 하나님의 말씀을 선포하고 그분의 사랑을 실천하기 위해서도 존재한다. 크리스천이라면 세상으로부터 '부름 받은' 거룩한 특권을 누리는 동시에 세상 속으로 '보냄 받은' 숭고한 사명 또한 기쁨으로 감당해야 한다. 교회가 진정으로 섬김을 실천해야 할 대상은 바로 세상이다. 물론 한 교회가 세상 모든 곳을 책임질 수 없지만 적어도 교회가 위치하고 있는 지역 사회를 책임질 수 있어야 한다. 지역 사회는 지역 주민들이 일상생활을 영위해 나가는 삶의 터전이며 생활공간이다. 교회는 지역 사회와 함께 공존하며 복음을 선포하고 하나님의 사랑을 실천하는 장이 되어야 한다. 그런 의미에서 지역 사회는 말씀의 씨앗을 뿌려야 할 밭이라고 할 수 있다. 우리 교회는 홀몸어르신들, 소년소녀가장, 한부모 가정, 장애우 등 지역 사회에서 가난하고 소외된 이웃들에게 특별한 관심과 애정을 쏟아 붇는다. 이런 관심은 일회성이나 이벤트로 끝나지 않고 지속적으로 그리고 진정성 있는 섬김으로 계속된다. 그 결과 관공서와 지역 주민들은 우리 교회를 진심으로 환대하기 시작했다. 이제는 그분들이 먼저 교회로 찾아와서 도움을 요청하는 그런 교회가 되었다.

지역 사회와의 연대

우리 교회가 자리한 신림동은 서민들이 주로 거주하고 있다. 그래서 교회는 종교 기관의 역할을 넘어 하나님 사랑을 세상에 비추는 반사 공동체로 가난하고 소외된 이웃들에게 든든한 버팀목이 되어주어야 한다는 신념으로 지금까지 목회해 오고 있다. 우리 교회는 하루하루를 치열하게 살고 있는 지역 주민들의 삶 속으로 깊숙이 들어가서 하나님 사랑을 전하는 일에 모든 역량을 집중했다. 지역 사회에서 빛과 소금의 역할을 감당함으로써 궁극적으로는 이웃들의 지친 영혼을 하나님께로 인도하는 영적 다리가 되기로 했다. 우리 교회는 30년 넘게 이 숭고한 사명을 위해 끊임없이 기도하며 쉼 없이 달려왔다. 주민센터, 경로당, 구청, 학교 등 지역 내 단체들과 관공서 문턱이 닳도록 발품을 팔았다. 지역 사회가 감동할 때까지 아무 조건 없이 나누고 또 나누고 하나님의 사랑을 전했다.

이 땅에 오신 예수님께서 병들고 아픈 자, 가난하고 소외된 자, 낮은 곳에서 우는 자들을 섬기셨던 것처럼 비록 세상적으로는 가진 것이 없었지만 주님의 겸손과 사랑의 마음을 품고 지역 사회에서 혼자서 눈물 흘리고 있는 이웃들을 결코 외면하지 않는다는 것이 우리 교회의 목회 철학이자 교회의 존재 이유이기도 했다. 우리는 어떤 대가나 조건을 바라지 않고 순수한 마음으로 지금까지 이웃들을 섬겨오고 있다. 하나님의 사랑을 전하는데 행여나 받는 분들의 마음에 작은 그늘이라도 드리우게 하는 것이 결코 하나님의 뜻이 아니라고 믿었기에 조심하고 또 조심하며 이웃들을 섬겨왔다.

지난 30년을 쉬지 않고 나눔과 섬김이 지속되자 놀라운 변화가 찾아왔다. 지역 주민들 사이에도 선한이웃교회는 더 이상 문턱이 높고 어렵기만 한 곳이 아니라 누구나 스스럼없이 우리 교회를 진정한 이웃으로 받아들였고 지역 사회에서 없어서는 안 될 고마운 교회로 인식

하기 시작했다는 것이다. '주민센터는 몰라도 선한이웃교회는 안다'는 말이 회자될 정도로 우리 교회를 기억하고 있다. 지역 주민들은 교회 차량과 시설물들을 마음껏 이용한다. 등록된 신자가 아니라도 교회에서 마련한 각종 프로그램과 문화 행사에 참여한다.

교회의 진정성은 관공서까지 알려져 그분들에게조차도 선한이웃교회는 언제나 존중을 받는다. 이제는 관공서에서 먼저 찾아와서 도움을 요청하는 일들이 많아졌다. 주민센터 동장님이나 복지 담당자들이 새로 부임하면 먼저 찾아오는 곳이 우리 교회다. 그분들은 전임자들로부터 동사무소와 우리 교회가 얼마나 끈끈한 협력 관계인 연대를 맺고 있는가를 잘 전해 들었기 때문이다.

❷ 장 요약

새로운 목회지는 나에게 또 다른 훈련의 장소였다. 오랜 시간 몸담았던 비교적 안정된 사역지를 떠나 신림동 남부교회로 부임하는 과정은 어쩌면 요셉이 알 수 없었던 자신의 미래를 향해 발걸음을 옮기던 때와도 같았다. 힘든 목회 여정이었지만 아내와의 동역을 통해 얻은 위로 그리고 하사이사 목회 철학으로 지역 사회에 뿌리내리며 인내로써 교회의 기초를 닦을 수 있었다. 이 시기에 내가 추구하고자 하는 목회의 토대가 어느 정도 다져졌고 세상으로 뻗어 나갈 준비 시간을 마쳤다. 3장에서는 이러한 토대 위에서 꿈의 역사를 써 내려가는 나의 목회 이야기가 펼쳐진다.

Part 3

형통
꿈이 현실이 되는 순간

요셉은 감옥이라는 시련과 인내의 시간을 거친 후에 애굽의 총리가 되어 자신의 꿈을 현실로 만들었다. 그는 지혜와 성실함으로 애굽 나라를 풍요롭게 했고 백성들을 구원했다. 나의 목회 또한 그랬다. 인내의 시간을 거치고 나니 하나님의 놀라운 은혜가 부어지기 시작했다. 70명으로 시작되었던 교회는 성장해서 지역 사회의 중심으로 자리 잡았고 그동안 기도하며 꿈꾸어왔던 비전들이 하나둘 현실이 되었다. 예배당 건축에서 새로운 희망을 보았고 지역 주민들과 함께 호흡하며 선한 이웃이라는 역사를 써 내려갔다. 3장에서는 그 형통의 시간에 대해 말하려고 한다.

예배당
건축

교회가 성장하면서 예배당 건축은 더 이상 미룰 수 없는 시급한 과제가 되었다. 예배당 건축은 예배 공간을 넓히는 것을 넘어 부지 선정부터(위치) 지역 사회를 위해 어떻게 공간을 사용하는 것이 좋을지를 생각하며 모든 제반 계획을 세웠다. 20년 전 7,800세대에 약 3만 명의 주민이 거주하는 신림 4동은 동네 규모에 비해 주민들을 위한 공공시설이 턱없이 부족했다. 청소년들이 뛰놀 수 있는 공간은 아예 없었고 어르신들이나 주부들이 이용할 수 있는 문화 공간도 없었다.

이러한 지역 현실을 고려하여 예배당을 건축하면서 지역 사회에 도움을 줄 수 있는 방안들이 최우선적으로 고려되었다. 주일에만 주로 사용되는 건물이 아니라 주

중에는 지역 사회를 위해 개방하여 문화센터의 기능을 극대화하자는 것이 우리 교회의 비전이었다. 성도들 또한 이러한 비전에 동의하며 건축 헌금에도 적극 동참해 주셨다. 2006년 9월 신림 4동 한 가운데 선한이웃교회 새 예배당이 그 위용을 드러냈다. 예배당은 지역 주민들을 위한 문화 공간인 동시에 언제든지 도움이 필요한 주민들에게 도움을 드리는 선한 이웃 119센터의 역할을 감당하겠다는 우리의 확고한 비전을 담았다.

새 예배당은 지역 주민들을 위한 문화센터 기능을 갖춘 대규모 체육관으로 짓고 싶었다. 그런데 본당이 너무 커서 그 위에 체육관을 올리는 것이 현재의 공법으로는 불가능하다는 전문가들의 반대에 부딪히게 되었다. 하지만 내 안에 계속되는 마음이 '불가능이라는 생각이 있는 거지 불가능한 일은 없다'는 마음이 들었다. 그래서 건축 관계자들을 끈질기게 설득했고 생각했던 대로 예배당 건축이 은혜롭게 마무리되었다.

새 예배당이 건축되자 그동안 교회가 꾸준히 실천해 왔던 이웃 사랑도 한 단계 업그레이드된 새로운 사역의 거대한 출발점에 서게 되었다. 주민센터 바로 옆에 들어선 예배당이 지역 주민들을 위한 문화체육센터로도 사용될 것이라고 지속적으로 홍보해왔기에 선한이웃교회의 새 예배당은 지역 주민들과 함께 호흡하고 더 나아가 신림 4동을 대표하는 랜드마크가 되면 좋겠다고 생각했다. 총 1,500평 규모의 예배당은 지역 사회를 품는 살아 있는 유기체적 기능을 할 수 있도록 각 층마다 고유한 목적을 부여했다. 1층은 카페테리아로 사람들이 매일 만나는 장소로 설계되었고, 2층은 교육관과 세미나실로 훈련하는 장소로 설계되었고, 3~4층은 대예배실로 믿음을 다지는 장소로 설계되었고, 5층은 체육관으로 몸과 마음을 충전하는 복합 문화 공간으로 설계되었다.

특히 1층은 지역 주민들을 위한 개방형 카페와 식당 그리고 문화 공연장으로 꾸몄다. 성도들과 지역 주민들이 스스럼없이 만나 교제할 수 있도록 출입이 잦은 곳에 라이브 카페, 인터넷 카페, 어린이 놀이방으로 꾸몄다. 이곳은 음악을 듣고 잠시 쉬었다 갈 수 있는 공간으로 지역 주민들에게 최고의 인기를 누렸다. 2층은 지역 주민들의 영육의 성장을 위한 교육 시설로 활용되었다. 교회가 지역을 섬기는 핵심 공간으로 소모임, 세미나, 강연 등을 진행할 수 있도록 꾸몄다. 3~4층은 교회의 심장이라고 할 수 있는 본당 예배 공간으로 모든 성도들이 함께 예배하며 하나님 사랑을 온 몸으로 체험할 수 있도록 대예배실과 작은 소예배실로 꾸몄다. 마지막으로 5층은 모든 분들의 생각을 뛰어넘어 다용도 체육관으로 꾸몄다. 지역 주민들이 1년 365일, 새벽이든 저녁이든 아무 때나 자유롭게 이용할 수 있도록 24시간 개방했다. 성도들뿐만 아니라 지역 주민들이 몸과 마음의 건강을 회복할 수 있도록 꾸몄고 특히 남성분들에게 많은 사랑을 받게 되었다.

무지개
십자가

새 예배당이 성도들뿐만 아니라 지역의 모든 분들을 위한 속이 꽉 찬 김밥처럼 한 덩어리로 말려진 화합과 소통의 장소가 되기를 소원했다. 하나님의 사랑을 경험하지 못한 이웃들의 영과 육의 허기를 채워주고 마지막에는 하늘 시민을 양성하는 거룩한 요람이 되길 말이다. 이 거룩한 공간에서 우리 아이들이 올바른 삶의 가치와 질서를 배우고 청소년들이 하나님 안에서 삶의 의미를 찾아가도록 훈련받고 청년들이 하나님의 비전 가운데 삶의 가치를 실현하며 어른들은 믿음의 열매를 음미하는 지혜로운 인생이 되길 소원했다. 우리 교회가 지역 사회의 영적 흐름을 주도하고 중심 센터의 역할을 감당하도록 말이다. 더 나아가 지역 관공서와 비영리단체들과도 적극적으로 협력하며 지역 사회를 복음의 능력으로 변화시키기 위한 연합 전선을 구축해나가길 소원했다. 예배마다 은혜와 감사가 넘쳐났고 하나님의 사랑을 전하는 현장 또한 생동감으로 넘쳐났다. 모든 것이 탄탄대로였다. 새 예배당으로 이전하고 2년 동안은 정말 그랬다.

붉은 십자가 네온사인은 예수 그리스도의 고난과 희생을 상징한다고 한다. 십자가에서 피 흘려 죽기까지 사랑하신 예수님의 값진 희생을 잊지 말고 그 길을 따르자는 뜻도 그 속에 내포되어 있다. 서울 도심을 붉게 물들이는 십자가 네온사인을 볼 때마다 스스로 이렇게 자문했다. '과연 우리는 크리스천으로써 예수님의 십자가 사랑과 헌신을 교회가 아니라 세상 밖으로 얼마나 흘려보내고 있는가? 땅 끝까지 복음을 전하라고 하신 주님의 복음을 행여나 교회라는 울타리에만 가두어 두고 있는 것은 아닌가?' 두렵고 떨리는 마음으로 나를 돌아볼 때가 많았다.

예배당을 건축하고 십자가 네온사인을 어떻게 할까 꽤 오랜 시간을 고민했다. 그러다 무지개 색으로 결정하게 되었다. 나는 고정관념을 뛰어넘어 붉은 색 대신 무지개 색으로 십자가를 설치했다. 하나님의 무한한 사랑과 예수 그리스도의 구원의 메시지가 한 색이 아닌 다양한 무지개 색처럼 다양한 방법으로 세상에 전해지기를 바라는 마음에서였다. 회전하는 무지개 색 십자가 네온사인을 보니 단색의 정적이고 획일적인 느낌보다는 일곱 색이 밤하늘을 화려하게 수놓는 역동적인 모습이 훨씬 개성 넘치고 살아 있는 생명력을 뿜어내는 것처럼 보였다. 화려한 무지개 십자가 네온사인을 바라보며 성도들도 좋아했다. "목사님, 붉은 십자가 네온사인만 바라보다가 이렇게 다채로운 무지개 색 십자가 불빛을 마주하니 제 가슴까지 두근거려요." 나는 일곱 색 네온사인 십자가가 각자 자기의 독특한 색을 내면서도 서로 아름답게 어우러져 완벽한 조화를 이루었으면 하고 바랬다. 이것이 바로 우리 크리스천들의 삶의 모습을 상징적으로 보여주는 것 아닐까? 한 성도는 엄지손가락을 치켜세우며 말했다. "역시 우리 목사님의 상상력과 창의력은 그 누구도 따라갈 수 없다니까."

하나님께서 창조하신 세계를 눈여겨보면 그 색의 아

름다움에 감탄하지 않을 수 없다. 사시사철 피어나는 산야의 꽃들과 바다를 헤엄치며 다니는 화려한 물고기들, 하늘을 붉게 물들이는 노을빛, 울긋불긋 오색으로 물든 단풍 산에 이르기까지, 이 모든 피조 세계는 하나님께서 색의 마술사임을 스스로 증명하신다. 우리 주님께서는 우리들이 일상에서 이처럼 다양한 색을 누리며 생동감 있고 활기차게 살아가길 원하신다.

사랑의 교차로

착한 일은 소문을 내야 선한 영향력은 계속 된다는 오랜 나의 철학처럼 지역 소식지 발행은 기대 이상으로 파급력을 가져왔다. 지역 주민들은 교회 소식지를 별 거부감 없이 읽었다. 소식지에는 교회 소식만 실지 않고 나의 이야기, 자녀 이야기, 이웃 이야기로 구성했다. 그러다 보니 다음 소식지가 벌써부터 기다려진다고 말할 정도로 독자층까지 생기게 되었다. 지역 주민 한 사람 한 사람을 성도처럼 생각하며 시작한 사랑의 문서 선교는 그 어떤 전도 방법과 견주어 봐도 손색이 없을 만큼 탁월한 실효성을 가져다주었다. 소식지는 전도라는 단어가 주는 부담감 없이 자연스럽게 복음을 전파하는 소중한 통로 역할을 했다.

대부분의 교회들이 매주 주보를 만들고 월별 또는 분기별로 교회 소식지를 만들어 대내외적으로 알리는데 우리 교회는 그보다 한 걸음 더 나가고자 했다. 교회는 분명 삶으로 하나님 사랑을 증거해야 하지만 그 삶의 변화를 주변 이웃에게 알리는 것 또한 중요했다. 마태복음 5장 16절에 보면 "너희 빛이 사람 앞에 비치게 하여 그들로 너희 착한 행실을 보고 하늘에 계신 너희 아버지께 영광을 돌리게 하라"고 말씀하신 것처럼 우리의 선한 일들을 적극적으로 알림으로써 지역 주민들에게도 선한 동기를 부여하고 긍정적인 변화를 이끌어냈다. 전 성도를 대상으로 하는 주보 제작에 만족하지 않고 지역 신문을 발행하는 과감한 시도를 했다. 분기별로 지역 사회 대소사에 적극적으로 참여하여 협력하고 그 모든 과정을 소식지에 실었다. 이는 지역 주민들에게 교회의 긍정적인 이미지를 심어주는 동시에 건강한 기독교 문화를 전파하기 위해서였다.

'선한 이웃'이라는 이름의 소식지는 교회 행사나 소식만 전하지 않았다. 지역 주민이라면 누구나 관심을 가질 만한 관내 행사와 일상에 도움이 되는 유익한 정보들로 꾸몄다. 구청장, 경찰서장, 동장, 시(구)의원, 학교장 등 지역 내 주요 인사들을 찾아가 인터뷰도 하고 그분들의 기고문을 실어 소식지의 질을 높였다. 지역 주민들이 알아야 할 유익한 정보나 삶의 지혜를 담은 문화 저널 등 다양한 내용을 소식지에 실었다. 특히 지역 주민들이 주인공이 되는 글을 모으는 데도 힘을 모았다. 가정의 행복을 주제로 한 자녀 교육이나 부모 공경 등에 관한 독자 참여 글을 실어 공감대를 얻어냈다. 직접 설문 조사를 실시하여 주민들의 의견을 수렴하고 이를 관공서에 직접 건의하는 민원 수렴 창구 역할도 하면서 지역 사회와 교회의 가교 역할을 했다.

오천 원의
기적

오랜 기간 경기 불황의 그림자는 주민들의 주머니 속에도 그대로 드리웠다. "요즘 물가가 너무 올라서 장보기가 겁나요. 점심 한 끼 제대로 먹으려면 만 원은 훌쩍 넘더라고요." 한숨 섞인 말들이 자주 들려왔다. 우리 시대에 런치플레이션(Lunch+Inflation, 점심 값 상승)이라는 신조어가 생긴 것처럼 허리띠를 졸라매야 한다.

30년 넘게 지역 사회와 교감하며 목회를 해온 터라 지역 주민들의 속사정을 그 누구보다 잘 알고 있었다. 이런 절박한 현실에 가만히 손 놓고 볼 수만은 없었다. 코로나 팬데믹 이후 교회 재정 또한 어려워진 것이 사실이지만 '이웃들과 밥을 나누는 인심만큼은 결코 야박해선 안 된다'는 목회 철학이 있었다. 그래서 힘이 닿는 한 음식 나눔을 꾸준히 이어오고 있다. 우리 교회는 베풀기를 기뻐하고 퍼주기를 좋아하는 일명 주방의 전사들이 계시기에 이 모든 일이 가능했다.

어느 날 성도들과 식사 자리에서 조심스레 의견을 말했다. "요즘 밥값이 너무 비싸서 점심을 거르는 분들이 많다는데 우리 교회가 '오천 원 식당'을 운영해 보면 어떨까요? 이웃을 섬기고 봉사하는 마음으로 말이죠." 그렇게 해서 2024년 5월 '선한이웃 점심식당'이 문을 열었다. 음식을 만들고 손님들을 정성껏 맞이하는 데는 이미 준비된 성도들이 계셨기에 점심식당 개업에는 이견이 없었지만 식사비 오천 원에는 의견이 갈렸다.

목사님, 요즘 야채 값은 물론이고 모든 물가가 천정부지로 치솟아서 시장에 장보러 가는 것조차 겁이 납니다. 목사님의 취지는 충분히 이해하지만 솔직히 이 가격으로는 수지타산이 맞지 않습니다. 밥값은 저렴하더라도 손님들에게 부끄럽지 않을 만큼의 메뉴를 만들어 내야 하지 않겠습니까?

그들의 말은 지극히 현실적이고 옳았다. 대기업 구내식당처럼 수백, 수천 명이 이용한다면 모를까 우리 식당은 그럴 만한 규모도 아니었다. 하지만 오천 원으로도 이웃에게 따뜻한 밥 한 끼를 제공해야 한다는 내 뜻을 포기할 수 없었다. 결국 성도들이 손을 들고 웃으며 말했다. "목사님 고집을 누가 꺾을까요? 알겠습니다. 목사님 뜻대로 해보겠습니다." 그렇게 해서 오천 원 식당이 문을 열게 되었다.

메뉴는 김치를 포함해서 6~7가지 반찬으로 구성되었다. 단백질 식단으로 육류 또는 생선도 준비했다. 배식은 자율이고 매일 새로운 메뉴를 선보였다. 때로는 소불고기, 돈가스, 제육볶음, 비빔밥, 삼계탕, 카레라이스 같은 특식도 준비했다. 가성비 좋은 식당이라는 입소문이 주변으로 퍼져나가기 시작했다. 처음에는 소수의 사람들이 이용했지만 지금은 이용자들이 제법 많아졌다. 젊은 직장인부터 가족 단위에서 중장년층 어르신까지 다양하다. 중년 여성들이 삼삼오오 모임을 갖기도 한다. 음식을 드시는 분들이 이구동성으로 말한다. "오천 원으로 이렇게 푸짐하고 맛있는 식사를 할 수 있다니 선한이웃 점심

식당이야말로 우리에게 진정한 선한 이웃입니다."

손님들의 찬사에 봉사자들도 힘을 얻는다. 식당 책임자인 김종섭 장로님은 손맛 좋기로 우리 동네에서도 소문이 자자한 분이시다. 장로님은 식당을 이용하시는 분들의 불편 사항까지 세심하게 챙기며 따뜻한 섬김을 잊지 않으신다. 선한이웃 점심식당은 월요일부터 금요일까지 오전 11시 30분부터 14시까지만 운영된다. 하루 평균 100여 명의 이웃들이 점심식당을 찾아 따뜻한 한 끼를 드신다. 봉사자들은 한 끼 식사 준비를 위해 매일 새벽 장을 보고 음식을 준비하는데 많은 시간과 정성을 쏟는다.

대부분의 지역 교회는 평일에는 문이 굳게 닫혀 있다. 하지만 우리 교회는 점심식당으로 평일에도 1층 로비에 사람들의 소리로 활기차다. 교회가 주일에만 모이는 공간이 아니라 지역 주민들의 삶에 녹아들어 매일 생명력으로 약동하는 열린 공간이 되고 있음에 보람을 느낀다.

사랑으로
버무린 김장

우리 교회가 실천하는 다양한 지역 섬김 사역 중 단연 최고는 '먹거리 나눔'이다. 평일에는 직접 만든 김밥과 떡, 비 오는 날에는 부침개, 무더운 여름에는 삼계탕, 추석에는 송편 그리고 성탄절에는 케이크와 특별 선물까지. 사시사철 우리 교회 식탁은 이웃을 향한 나눔으로 가득하다. 사람과 사람 사이에는 정성껏 만든 음식을 함께 나누어야 정이 깊어지고 입이 즐거워야 닫힌 마음의 문도 활짝 열리는 법이다. 이 모든 먹거리 나눔의 정점에는 김장 나눔이 있다.

우리 교회는 매년 겨울의 시작을 알리는 12월 첫째 금요일과 토요일은 김장하는 날이다. 교회에서 먹을 김장만 하는 것이 아니라 혼자서 생활하시는 홀몸어르신들과 사랑의 손길이 필요한 조손 가정, 한부모 가정 등 지역 내 소외된 이웃들에게 나눌 김장도 함께 버무린다. 특히 우리 동네는 홀몸어르신들이 많이 살고 계신다. 우리의 진심 어린 나눔이 알려진 덕분일까. 우리 교회가 김장하는 날이면 주민센터와 구청에서도 먼저 연락을 해오고 동장님을 비롯한 공무원들이 자원봉사자로 힘을 보탠다.

수십 년째 이어온 김장 나눔이지만 해마다 김장을 마치고 나면 한 가정 더 나누지 못한 아쉬움이 남는다. 특히 코로나 팬데믹 기간에는 아쉬움이 더 컸다. 사람들이 모이는 것도 쉽지 않은 상황에서 평소보다 더 많은 양의 김장을 해야 했다. 김장 재료 하나하나에도 진심을 담았다. 배추와 양념은 100% 우리 농산물을 고집했다. 김장용 배추는 충북 영동에 있는 우리 농산물 마을 나눔공동체에서 최고의 절임 배추로 주문했다. 2021년부터는 1,000포기씩 주문했다. 고춧가루, 마늘, 생강, 파, 그리고 젓갈류에 이르기까지 모든 양념 재료도 최고급 국내산을 사용했다. 우리 교회 식구들과 이웃들에게 최고의 먹거리를 대접하고 싶은 마음에서 비롯되었지만 좋은 재료가 김치 맛을 좌우한다고 믿었기 때문이다.

    김장을 담그는 날만큼은 나도 앞치마를 두르고 동참한다. 1,000포기 김장을 하려면 준비부터 포장 그리고 배송까지 2~3일은 족히 걸린다. 우리 교회 식구만으로는 감당하기 벅찬 양이다. 최근 들어 절임 배추를 사용하면서 많이 간소화되었지만 여전히 많은 분들의 도움의 손길이 필요하다. 우리 교회 김장 나눔 행사가 관공서와 이웃들에게 널리 알려진 덕분에 부녀회 봉사단과 다른 기관에서도 도움의 손길을 보내주신다.

    2024년 12월 첫째 주 금요일 아침 앞치마와 고무장갑으로 무장한 40여 명의 부녀회 자원봉사자들이 함께해 주셨다. 전날 준비한 절임 배추에 양념을 입혀가며 김장을 하는데 손놀림이 예사롭지 않다. 뽀얀 살색을 드러낸 배추에 준비한 양념이 버무려지자 순식간에 먹음직스러운 김장으로 변신했다. 김장의 하이라이트는 시식이다. 김장 간이 맞는지, 맵기 정도는 어떤지, 젓갈 맛은 잘 배어 있는지 등을 아주 미세한 미각으로 식별한다. 교회 주방에서는 자원봉사자들을 위한 수육과 떡을 준비한다. 부녀회와 선한이웃교회 봉사단은 갓 담근 김장과 수육의 환상적인 맛을 즐기며 식탁 교제를 나눈다. 부녀회 덕분에 김장은 예상보다 빨리 끝났다. 완성된 김장은 10Kg씩 김장용 비닐에 담아 스티로폼 박스에 포장한다. 300가정에 나눌 김장이다. 교역자들과 성도들이 동네 어르신 가정을 직접 방문해서 김장을 전달한다. 정성껏 담근 김장을 각 가정에 전달하면 김장 나눔은 종료된다.

1,000포기 김장을 이틀 만에 끝낼 수 있는 것은 이웃 주민들의 단합된 힘 덕분이다. 김장을 맛있게 드시고 추운 겨울에도 어르신들과 우리 이웃들이 건강하게 겨울을 보냈으면 좋겠다. 매년 12월이면 김장을 손꼽아 기다리는 이웃들이 계신다. 우리 교회는 한 가정이라도 더 나눠드리고 싶은 마음뿐이다. 우리 교회 이웃 사랑의 실천이 더욱 확장되길 소망한다.

삼겹살 파티

30여 년 전 선한이웃교회(당시 남부교회)로 부임해 온 초창기부터 나의 목회 방향은 지역 사회 봉사와 이웃 사랑 실천에 두고 있다. 나는 지역 상황에 맞게 세심한 돌봄과 나눔을 펼치는 것들 외에도 관공서에서 진행하는 행사에도 관심을 가졌고 지역에서 진행하는 크고 작은 행사를 교회 일정보다도 우선하여 참석했다. 현장에서 땀 흘리는 관계자들을 격려하는 일도 잊지 않았다. 겨울에는 따뜻한 커피를 여름에는 시원한 커피를 대접했다. 예상치 못한 대접에 많은 분들이 감동한다.

2025년 4월 12일 개최한 관악구민체육대회에도 참석했다. 관악구 21개 동에서 2,000명의 구민들이 참석하는 대규모 행사이다. 오전에 비가 내리는 궂은 날씨에도 국회의원을 비롯한 구청장, 시의원, 구의원, 주민자치회장 등 지역 대표들이 참석했다. 신사동(신림 4동)을 대표해서 선수로 출전한 주민들을 격려하고 응원했다. 점심 식사 후에 미리 준비한 커피를 대접하며 주민들의 노고를 격려했다. 경기 전후로 다채로운 축하공연과 부대행사가 준비되어 서로 소통하고 화합하는 시간을 가졌다.

체육대회가 끝난 후 우리 동네를 대표하는 주민자치위원회 임원들을 교회로 초대하여 저녁 식사로 삼겹살을 대접했다. 21개 동에서 3등을 차지한 쾌거를 축하하는 흥겨운 화합의 장이었다. 이날 제 건강에 대해 듣게 된 주민들이 꽃다발과 플랜카드를 준비해 오셔서 위로해 주셨다. 주민들의 따뜻한 사랑에 깊이 감사드린다. 나는 이 소중한 기회를 놓치지 않고 감사 인사와 함께 최근 저에게 일어난 건강 이야기에 대해 나눈 후 어려움 속에서도 하나님께서 주신 비전에 대해 나누었다. 지역 사회에서 영향력 있는 100분에게 식사를 대접하는 자리에서 30분 동안 말할 수 있는 특권을 얻은 셈이다. 이야기가 끝나자 박수갈채가 터져 나왔다. 모든 분들이 이구동성으로 말씀하신다.

선한이웃교회는 우리 신사동을 대표하는 행복충전소입니다. 선한이웃교회만 봐도 하나님의 따뜻한 사랑이 그대로 느껴져요. 윤창규 목사님, 진심으로 존경합니다. 지금까지 그래 오셨던 것처럼 앞으로도 우리 동네를 위해 일해주세요.

지난 30년 넘게 우리 교회를 지켜봐주신 주민들의 진정성 어린 고백과 축복의 메시지에 뜨거운 감격이 벅차오른다. 주민들의 사랑에 보답하기 위해서라도 더 겸손하게 그리고 더 낮은 자세로 섬겨야겠다고 다짐해본다. 어느 덧 삼겹살 파티가 마무리되고 교회에서 준비한 선물을 전달했다. 새로 부임한 동장님은 손수건으로 눈물을 훔치면서 "가슴이 벅차올라 흘린 감동의 눈물입니다"고 말씀하신다.

효로
피어나는 사랑

우리 교회는 십계명 가운데 다섯 번째 계명인 "네 부모를 공경하라"는 계명을 오랜 시간 실천해 오고 있다. 매년 동네 어르신들을 교회로 초청하여 효도잔치를 열어 드렸다. 처음에는 교회에서 무슨 효도잔치를 한다고? 저의 제안에 반대하는 성도들도 많이 계셨다. 1997년 가을 홀몸어르신들과 교회에 출석하고 계신 65세 이상 성도들을 대상으로 첫 번째 효도잔치를 열었다.

본당과 1층 교육관을 정성스럽게 꾸미고 잔칫상에 올릴 음식들을 새벽부터 준비했다. 밥과 국, 소불고기, 전과 잡채, 나물 무침, 과일과 떡 등 어르신들이 좋아할 만한 음식들로 구성했다. "교회에서 효도잔치를 한다고?" 어리둥절한 표정으로 의아해하시던 어르신들은 호기심

반 설렘 반으로 교회로 발걸음을 옮기셨다. 그렇게 약 70분의 어르신들을 모시고 첫 번째 효도잔치가 열렸다. 네 분씩 한 상에 둘러앉아서 음식을 나누는 어르신들을 보고 있으니 감격스러웠다. 감사의 기도가 저절로 나왔다. 초대된 어르신들 가운데는 칠십 평생 넘도록 교회라는 문턱을 처음 넘어보신 분들도 계셨다.

"목사님, 정말 잘 먹었습니다. 정말 고맙습니다." 할머니 한 분은 제 손을 꼭 잡고 눈시울을 붉히며 감사의 인사를 하신다. 주름지고 거친 할머니의 손에서 전해지는 따뜻한 온기에 큰 위로가 되었다. 순간 이런 생각을 하게 되었다. 이번 효도잔치는 시작에 불과하다. 앞으로 매년 효도잔치를 이어갈 것이다. 그때 결심대로 매년 가을 효도잔치를 열었다. 동네 어르신들을 모시는 효도잔치는 입소문을 타고 해를 거듭할수록 그 규모가 커졌다. 첫 해에 70분으로 시작한 효도잔치는 이듬해 100분 그다음 200분, 300분으로 계속 늘어났다. 늘어나는 인원을 수용하기 위해 교자상 100개를 더 준비했고 최대 600분의 어르신을 초청할 수 있는 효도잔치가 되었다. 그렇게 우리 교회는 30차례 가까이 어르신들에게 효사랑을 실천하고 있다.

 효도잔치에 이어 어르신 섬김 사역으로 우리 교회가 지속적으로 실천하고 있는 것이 효도관광이다. 혼자서 외롭게 생활하시는 어르신들이 많아지고 명절에도 찾아오지 않는 자식들을 기다리는 어르신들이 동네에 적지 않으시다. 경로당이나 병원, 시장을 다녀오는 것 외에 외출하지 않는 어르신들에게 평생 잊지 못할 추억을 선물하고 싶었다. 그래서 '어르신들과 함께 떠나는 특별한 여행'을 계획하게 된 것이다.

 주일예배 광고 시간에 효도관광에 대해 설명하고 마음에 감동을 주시는 대로 동참해 줄 것을 말씀드렸다. 성도들은 한마음으로 십시일반 헌신해 주셨고 필요한 예산보다 더 많은 헌금이 들어왔다. 그렇게 효도잔치를 시작한 이듬해 봄 처음으로 효도관광을 떠나게 되었다. 50분의 어르신들을 모시고 관광버스 2대를 빌려서 가평수목원으로 향했다. 어르신들을 섬길 자원봉사자들은 부모님을 모시는 마음으로 섬겨주셨다. 행여나 어르신들이 늦게 오시면 어쩌지 생각했는데 괜한 걱정을 했다.

오전 9시까지 모이라고 했는데 한 시간 전부터 기다리고 계신다. "어르신, 왜 이렇게 일찍 오셨어요?" 남자 어르신은 "늦을까 봐 서둘러 왔어요." 옆에 계신 여자 어르신은 "목사님, 지는요. 어젯밤 잠이 안 와서 혼났시유. 놀러 가니깨 좋아서 그렇쥬. 하하." 어린아이처럼 해맑게 웃으시는 어르신들의 모습에서 주님의 마음이 느껴졌다. 첫 해에 50분으로 시작된 효도관광은 해를 거듭할수록 참여자가 늘어나서 200분, 350분으로 늘어났다. 횟수를 거듭할수록 어르신들이 가보고 싶은 여행지도 점점 다양해졌다. 청와대, KBS 방송국, 남산타워, 에버랜드, 독립기념관, 전주 한옥마을, 안동 하회마을, 용민 민속촌, 남원 전국꽃박람회 등 전국에 이름난 관광지를 효도관광을 통해 가보게 되었다. 효도잔치와 효도관광은 우리 교회가 어르신 공경에 진심을 다해 펼쳐온 효사랑 실천이다.

우리 동네 대통령

우리 교회가 위치한 신림 4동은 서민들이 주로 거주하고 있다. 하루하루를 치열하게 살고 계신 주민들의 삶으로 들어가서 하나님 사랑을 전하는데 교회의 모든 역량을 집중했다. 지난 30년 넘게 이 숭고한 사명을 위해 우리 교회는 쉼 없이 달려왔다. 한결같은 마음으로 사명을 실천하자 놀라운 변화가 일어났다. 교회의 진정성이 관공서까지 알려져서 존중과 인정을 받게 된 것이다. 한 어르신은 목사인 저를 만날 때마다 우리 동네 대통령으로 부른다. 얼마 전에는 저의 건강 소식을 듣고 직접 찾아오셔서 "우리 목사님 아프시면 안 되는데"하며 눈물까지 흘리셨다. "목사님, 기도하고 있으니 깨끗하게 나으셔야 한다"며 잡은 손을 한동안 놓지 않으셨다. 70대 조선족 어르신은 퇴원 소식을 듣고 아침 일찍 찾아오셔서 "목사님을 위해서 뭐라도 해드리고 싶은데 늙은이라 방법을 모르겠다"고 하시며 봉투를 내미신다. 봉투에는 백만 원이라는 거금이 들어 있었다. 폐지를 줍는다고 주일예배도 참석하지 못하던 분이 그 큰돈을 모으려고 얼마나 고생했을까 하고 생각하니 눈물이 났다.

어르신 이렇게 큰돈을 제게 주시면 어떡해요. 어르신의 마음은 제가 이미 충분히 잘 받았습니다. 이건 제가 다시 어르신께 드리는 거예요.

어르신은 목이 매어 말씀을 다 이어가지 못하셨다.

목사님, 제가 한국 생활이 막막할 수도 있었는데 선한 이웃교회 덕분에 외롭지 않았어요. 그동안 목사님과 교회에서 저에게 베풀어준 사랑에 비하면 이 돈은 정말 약소합니다. 손부끄럽게 그러지 마시고 병원비라도 보태세요.

어르신에게 무엇을 해드렸다고 이렇게 생각하시는 걸까? 코끝이 시큰하고 뭉클한 감동이 마음속으로 밀려왔다. 우리의 이웃 섬김은 하나님이 우리에게 아낌없이 내어주신 사랑을, 우리가 받은 그대로 이웃에게 흘려보내는 살아 있는 선교 아닌가? 선교는 하나님께서 특정한 목적을 위해 특정한 사람을 보내는 행위로써 그 목적을 위해 하나님은 세상으로 예수님을 보내셨고 예수님은 제자들을 부르시고 세상으로 보내셨다. 선교는 우리를 세상으로 보내시는 하나님의 행위이다. 우리를 부르고 보내신 하나님 앞에서 복음을 살아내고자 분투하는 삶이 선교적 교회가 되는 것이고 이것이 교회가 교회되는 것이다. 우리는 보냄 받은 그곳에서 보냄 받은 자로서의 사명을 감당해야 한다. 복음을 삶으로 살아내며 얻는 행복만큼 값진 일이 세상에 또 어디 있을까?

❸ 장 요약

나의 가나안으로 굳게 믿었던 남부교회에서의 목회는 요셉의 형통과도 같았다. 낡은 건물에 70여 명이 모이던 교회는 하나님께서 주신 비전 아래 새로운 예배당 건축을 하게 되었고 다양한 사역들을 통해 지역 사회의 심장으로 우뚝 서게 되었다. 무지개 십자가 네온 사인이 상징하는 사랑과 오천 원의 기적이 보여준 점심식당과 삼겹살 파티 거기다 김장 나눔과 어르신들을 향한 효사랑은 교회의 문턱을 낮춘 하사이사의 실천이었다. 하지만 성공 뒤에 예상치 못한 고난이 숨어 있었다. 4장에서는 성장 뒤에 찾아온 그림자와 역경 속에서 더욱 깊어진 믿음에 대한 이야기가 펼쳐진다.

Part 4

시련
좌절 속에서
더 깊어진 지혜

요셉의 삶이 그러했듯 형통의 최고 정점에서 예측하지 못한 시련이 찾아왔다. 그것도 가장 가까운 사람들에게서 시작된 균열은 큰 상처가 되어 사역에 거대한 그림자가 드리워졌다. 요셉이 한 순간에 웅덩이에 던져지고 감옥에 갇히는 아픔을 겪었듯이 나 또한 한 순간에 좌절을 경험하게 되었다. 하지만 칠흑 같은 어둠 속에서 그동안 보지 못했던 세상을 보게 되었고 깨닫지 못했던 진리를 깨닫게 되었다. 개인적인 아픔을 넘어 가족들의 상처까지 어루만지며 더 깊은 사랑과 회복을 경험하게 되었다.

균열

나의 스승인 피종진 목사님은 전 세계를 두루 다니며 복음을 전할 수 있게 해달라고 밤마다 지구본을 끌어안고 기도하셨다. 목사님의 간절한 기도가 그대로 이루어졌다. 나 역시 스승의 발자취를 따라 밤마다 지구본을 끌어안고 무릎을 꿇었다. 하지만 내 기도는 스승과는 많이 달랐다. 나의 기도는 한 문장으로 말하면 '넓은 마음을 갖게 해 달라'는 것이었다. 목회자는 많은 사람들을 이해하고 품어야 하는 크고 넓은 마음의 그릇이 요구된다. 그래서 나는 매일 밤낮 지구본을 품에 안고 이렇게 기도했다.

하나님! 제게 태평양처럼 넓은 마음을 허락하사 주변의 모든 분들을 편견 없이 있는 모습 그대로 포용하

고 사랑할 수 있는 큰 그릇인 넓은 마음을 갖게 해주세요.

내가 바랐던 큰 그릇은 그저 넓기만 한 마음이 아니라 하나님의 눈으로 세상을 바라보고 하나님의 생각으로 사람을 헤아리며 하나님의 넓은 품으로 모든 사람들을 끌어안을 수 있는 영적인 마음을 의미했다. 다소 관념적으로 들릴 수 있겠지만 오랜 세월을 그렇게 기도하다 보니 실제 내 마음의 지경이 넓어지는 듯했다. 그렇게 기도했던 큰마음이 마침내 시험대에 올랐다. 예상치 못한 일이 눈앞에 펼쳐졌다. 모든 것들이 순조롭게 진행되는 듯했는데 분란의 그림자는 새로운 예배당을 건축하고 난 후에 사소하게 보이는 의견 차이에서 시작되었다. 의견 차이의 틈은 생각했던 것보다 깊은 균열로 이어졌다.

문제의 발단은 2008년 가을 새 예배당 입당 후 2년이 지나면서 발생했다. 건축 위원장으로 누구보다 헌신하셨던 장로님을 중심으로 열 분의 장로님들은 평소 담임목사인 저를 진심으로 존중해주셨다. 나 또한 장로님들을 영적 동지이자 아버지처럼 생각했다. 장로님들과는 피를 나눈 가족처럼 서로 사랑했고 장로님들도 목사인 저를 진심으로 대해주셨다. 우리 모두는 교회를 지키기 위해 대책위원회까지 구성하고 대화하고 노력했으나 상황은 나의 바람과는 다르게 흘러갔다. 서로를 향한 오해와 불신의 골은 깊어졌고 균열은 통제 불능의 상태까지 치달았다.

인생의 감옥에서
배운 지혜

교회는 비극적인 상황을 맞이하게 되었다. 함께 만들어 왔던 공동체는 순식간에 무너졌고 성도들은 뿔뿔이 흩어졌다. 성도들 모두는 흑암과 같은 깊은 인생의 터널을 지나야만 했다. 특별히 나에게 그 시간은 애굽으로 팔려가서 억울하게 감옥에 갇힌 요셉처럼 나를 내려놓는 훈련을 하는 연단의 시간이기도 했다. 돌이켜보면 나도 목회가 무엇인지 잘 몰랐고 준비가 덜 된 상태에서 담임목회를 시작했다. 하나님 사랑과 이웃 사랑을 실천하면 목회가 된다고 생각했는데 다행인지 불행인지 주님의 은혜가 더해져 목회 현장은 큰 어려움 없이 순탄하게 흘러오게 되었다.

예배당 건축이라는 외형적인 성공과 함께 매주 새가

족들이 등록하는 것을 보면서 우리 교회도 곧 3,000명이 출석하는 대형 교회로 성장할 것이라는 기대감으로 들 떠 있었다. 비교적 짧은 기간에 교계에서도 주목받는 장래가 촉망받는 목회자가 된 것이다. 이 모든 일이 40대 후반에 일어났다. 그러나 외형적으로는 화려했지만 나 자신도 전혀 알지 못한 추악한 세상의 법칙이 내면에서 통용되고 있었다. 교회 안에서 세상에서나 볼 수 있는 정치적 처세와 음모가 횡행했다. 목회자의 덕목이라고 생각했던 큰 그릇이나 통 큰 마음으로는 이 모든 상황을 아우를 수 없었다. 그때 나는 세상 물정을 몰랐던 이상주의자에 가까웠다.

더욱 마음 아팠던 것은 일련의 과정에서 나도 모르는 사이에 교만이라는 뿌리가 내 안에 자리하고 있음을 뒤늦게야 깨닫게 되었다. 그동안 하나님 앞에서 절대 교만하지 말자고 다짐하고 다짐했지만 40대 후반에 경험한 놀라운 부흥이라는 성취감과 주변 사람들로부터 받는 인정과 찬사에 도취되어 나도 모르게 자만심에 들 떠 있었다. 마치 바벨탑(거품)을 쌓고 하나님과 견주어 보겠다고 생각했던 사람들처럼 말이다. 나의 성공은 나를 교만하게 만들었지만 그때는 미처 깨닫지 못했다.

그 혹독한 시련 속에서 온갖 모함과 술수, 시기와 질투, 이간질과 배신 그리고 관행이라는 미명 아래 버젓이 통용되던 편법과 불법들을 몸소 체험하며 쓰디쓴 인생을 배웠다. 그것은 마치 인생의 감옥과도 같았다. 인생의 감옥이라는 고통스러운 시간을 지나면서 비로소 세상을 볼 수 있는 렌즈를 하나 더 얻게 되었다. 하나님의 법이 아니라 세상의 탐욕스러운 법이 지배하는 인간 세상의 어둡고 추악한 민낯을 그대로 들여다보게 된 것이다. 그때는 너무도 절망스러웠다. 나는 인생의 구덩이로 계속 추락하고 있었다. 하지만 그때 나를 더 깊은 절망 속으로 가라앉지 않도록 나를 굳건하게 붙잡아준 말씀이 있었다. 바로 로마서 8장 28절이었다.

우리가 알거니와 하나님을 사랑하는 자 곧 그의 뜻대로 부르심을 입은 자들에게는 모든 것이 합력하여 선을 이루느니라.

이 말씀을 읽고 또 읽었다. 하루에도 수백 번을 읽고

또 읽었다. 이 말씀에 큰 위로를 받았다. 그리고 지금 겪고 있는 고난 또한 언제가 반드시 지나갈 것이라는 확신의 마음이 들었다. 이 엄청난 고난 뒤에 숨겨진 나를 위해 예비해두신 하나님의 놀라운 계획과 뜻을 바라볼 수 있는 눈을 우리 주님께서 허락하셨다. 깊은 고난 가운데 있을지라도 이 모든 과정을 통해 반드시 선을 이루실 하나님의 일하심에 대한 기대가 마음속에 싹트기 시작했다. 이 믿음이 너무나도 선명해서 마치 손에 잡힐 것처럼 생생하게 다가왔다. 이 모든 아픔을 겸허히 받아들이고 모든 것을 비워내고 하나님의 새로운 계획 아래 나는 새로운 출발을 다짐하게 되었다.

용기

그나마 흩어졌던 일부 성도들과 함께 예배할 수 있었던 것은 하나님의 은혜였다. 그러나 지난 아픔의 시간들이 남긴 균열이라는 고통스러운 상처는 그리 쉽게 잊혀지지 않았다. 무엇보다 성도들의 피와 땀 그리고 기도로 완공했던 첫 번째 예배당이 무너진 것은 나와 모든 성도들의 마음에 아물지 않는 상처로 남게 되었다. 하나님께서는 계속 저를 향해 말씀하셨다. "너는 그들과 용서하고 화해하라." 도무지 받아들일 수 없는 명령이었다. 여전히 내 마음속에는 미움과 정죄 그리고 원망의 마음으로 가득했다. 그런데 우리 주님께서는 고집불통인 내 마음에 좌정하시고 하나님의 눈으로 세상을 바라보게 하셨다. 인간적인 눈이 아닌 주님의 눈으로 그들을 바라보게 하셨다. 그런데 거짓말처럼 그들의 모습 속에서 나의 무지와 완악함과 무례함이 선명하게 보이기 시작했다. 하나님은 이 사건을 통해 두 가지를 배우게 하셨다. 첫 번째는 겸손을 배우게 하셨다. 나를 철저하게 낮추셨다. 인생의 구덩이에 던지셨고 나를 구덩이 안에서 뒹굴도록 만드셨다. 철저하게 엎드리게 만드시고 낮추시게 하셔서 겸손을 배우게 하셨다. 두 번째는 흔들리지 않는 믿음을 배우게 하셨다. 하나님께서 붙잡지 않으셨다면 나는 시련의 구덩이에서 빠져나올 수 없었다. 그런데 하나님께서 빠져나올 힘을 주셨다. 다시 일어설 수 있도록 오뚜기처럼 칠전팔기의 믿음을 허락하시고 나로 하여금 꿈을 꾸게 하셨다. 도무지 꿈을 꿀 수 없는 상황에서도 하나님 나라에 대한 꿈을 꾸게 하셨다.

나는 하루에도 수백 번 넘게 자문했다. 내가 그분들을 조금만 더 깊이 이해했더라면, 내가 조금만 더 너그럽게 배려하고 포용했더라면, 내가 조금만 더 넉넉한 마음으로 그들을 대했더라면 어떻게 되었을까? 돌이켜 보면 문제는 그들에게 있었던 것이 아니라 나에게 있었다는 것을 뒤늦게야 깨닫게 되었다. 내가 조금만 더 준비되고 조금만 더 영적으로 성숙했더라면 장로님들의 말씀에 좀 더 열린 마음으로 귀 기울이고 더 깊이 인내했더라면 좋았을 것을 때늦은 후회가 밀려왔다. 그들에게 문제가 있었다고 생각하며 그들을 원망하고 미워했던 이기적인 내 모습이 한없이 부끄러웠다.

지금 무엇보다 필요한 것은 용기였다. 몇 날 며칠을 기도하고 생각하고 또 생각했다. 그리고 용기를 냈다. 먼저 갈등을 빚어왔던 노회 목사님을 찾아가서 그분 앞에 진심을 담아 용서를 구했다. "목사님, 저 때문에 얼마나 마음고생이 심하셨습니까. 제가 너무도 부족했습니다. 저의 허물과 미숙함을 부디 용서해 주십시오." 갑자기 찾아와서 용서를 구하며 눈물을 흘리는 모습에 목사님도 적잖이 놀라시며 함께 울어주셨다. "윤 목사님, 이렇게 먼저 손을 내밀어 주시니 제가 오히려 더 고맙습니다. 사실 저도 그간 얼마나 힘들었는지 몰라요." 그렇게 우리는 서로 손을 맞잡고 진심으로 용서를 빌고 용서를 구했다. 그동안 서로를 향해 쌓았던 미움과 원망 그리고 서운한 감정들이 눈 녹듯 순식간에 사라졌다. "목사님, 앞으로는 저를 동생처럼 편하게 대해 주세요. 저도 목사님을 형님으로 모시겠습니다." 목사님도 흔쾌히 받아주셨다. "고마워요, 윤 목사님. 우리 앞으로 진정한 동역자가 되어 하나님의 일을 함께 이뤄갑시다."

목사님과의 만남을 기점으로 지난 날 갈등의 소용돌이 속에서 나를 반대하고 맞섰던 성도들 한 분 한 분을 찾아가서 그분들에게도 잘못을 빌고 용서를 구했다. 대부분의 성도들은 따뜻하게 맞아주셨고 화해의 손을 내밀어 주었다. 끝까지 마음의 문을 닫고 화해를 거부하는 성도들도 계셨다. 그러나 마음의 문을 여는 것은 내 영역이 아니라 하나님께서 하실 일이라는 것을 알게 되었다. 무엇보다 하나님의 때가 필요했다. 내가 할 수 있는 것은 용서를 구하고 기도하고 인내하고 기다리는 것뿐이었다. 먼저 다가가 용서를 구하고 나니 그동안 나를 짓누르고 있던 거대한 돌덩이들이 가슴에서 사라진 것처럼 영혼의 자유를 경험하게 되었다.

우여곡절 끝에 남은 성도들과 새로운 교회를 시작하게 되었다. 하나님께서는 연단의 과정을 거치게 하신 후에 두 번째 교회를 건축하도록 길을 여셨다. 새로운 다짐과 함께 새로운 동역자들과 새 예배당을 건축할 믿음과 여건을 허락하셨다. 땅을 어렵게 구입했다. 전철역 근처에 6차선 도로변에 지금의 5층짜리 건물을 건축하게 되었다. 건축 과정은 기적과도 같았다. 현재는 3차 건축을 준비하고 있다. 교회가 위치한 지역이 상업 지역으로 변경되어 현 위치에 18층 빌딩으로 건축하기 위한 준비 작업을 진행하고 있다.

내 아들
다윗

연예인들의 극단적인 선택이나 학교 폭력으로 고통 속에 괴로워하다가 극단적인 선택을 하게 되었다는 학생들에 대한 소식을 접할 때마다 안타까운 마음이 많이 들었다. 나는 목회자라는 이유로 그동안 간과했던 사실이 하나 있었는데 우리 아이들이 받아야 했던 상처와 아픔에 대해서 그다지 생각하지 않았다는 것이다. 타인의 고통이나 상처에 대해서는 나름 잘 이해하고 있다고 생각했는데 정작 가족들의 상처와 아픔에는 무관심했다. 서른 살이 넘은 아들이 가슴에 상처를 묻어둔 채 살아왔다는 이야기를 뇌종양 수술을 받은 후 아들의 간병을 받으면서 알게 되었다. 목회자 가정에서 태어난 것이 한편으로는 축복일 수도 있지만 다른 한 편으로는 감당하기 어려운 무거운 멍에가 될 수도 있다.

아들은 총신대학교신학대학원을 졸업하고 캐나다에서 공부하고 있다. 어려서부터 품행이 반듯하고 학업 성적도 우수했다. 전국 상위 0.2% 안에 들 만큼 공부를 잘했다. 서울 상위권 대학을 목표로 공부하던 고등학교 3학년 때 교회 분란이 시작되었다. 갈등의 불씨는 아들에게까지 옮겨 붙었다. 아들은 말로 다할 수 없는 오물을 온 몸에 뒤집어써야만 했다. 얼마 전까지만 하더라도 함께 예배드리던 성도들이 목사 반대편에 서서 학교에서 공부하는 아들에게까지 전화해서 온갖 욕설과 협박성에 가까운 악성 문자까지 보냈다. 그 끔찍한 포화를 어린 나이에 혼자서 감당하기 어려웠던 아들은 S대학의 꿈을 포기하고 도망치듯 지방에 있는 한동대학교로 떠나버렸다.

아들은 당시 심정을 이렇게 토로했다.

아버지, 그때는 정말 죽고 싶었어요. 시도 때도 없이 전화해서 어머니와 아버지를 비난하고 온갖 욕설 문자를 보내는데 가뜩이나 교회 문제로 힘들어하시는 부모님께 그 사실을 말씀드릴 수 없었어요. 저도 공부데 집중할 수 없으니까 자꾸 나쁜 생각만 들었어요.

아들의 이야기를 듣고 있으니 마음이 무너졌다. 19살 고등학교 3학년이 겪었을 아픔과 상처가 얼마나 깊었을지 생각하니 미안함의 눈물이 흘렀다. 아들 앞에서 얼굴을 들 수 없었다. 믿음으로 살았다고 자부했던 어른들의 성숙하지 못한 모습을 청소년기 아들에게 보여준 것 같아서 너무 부끄럽고 미안했다. 병상에서 아들에게 용서를 구했다. 다행스러운 것은 아들은 대학교에서 훌륭한 교수님을 만나 마음의 안정을 되찾았다. 아들은 대학 4년을 입학 장학생으로 그 힘든 시간을 잘 이겨냈고 학교생활 또한 무사히 마치게 되었다. 그러나 고등학교 3학년 때 받은 상처 때문에 진로를 결정하는데 적잖은 갈등을 했다.

아들에게
신장을 주다

감수성이 예민한 청소년기에 겪었던 심리적, 정신적 고통의 골이 얼마나 깊었는지 아들은 그 후유증으로 신장에 문제가 생겼다. 대학생활을 즐겨야 할 나이에 느닷없이 급성 신장 질환이라는 이상신호가 켜지게 되었다. 아들은 신장 기능이 20~30%까지 떨어진 상태였지만 부모님께 걱정을 끼치고 싶지 않아 한동안 그 사실을 숨겼다. 대학병원에서는 신장 이식 수술을 받아야 한다고 했다. 하지만 기증자를 찾는다는 것이 하늘의 별 따기였다. 기증자가 나타날 때까지 일주일에 세 번씩 투석을 받아야 했다. 군대도 면제를 받았다. 몸도 몸이지만 마음까지 망가져가고 있었다. 아들은 20대를 우울하게 보냈다. 고통스러워하는 아들을 가까이에서 보는 것이 너무 안쓰러웠다. 우리 부부는 내색도 하지 못하고 마음속으로 울음을 삼키며 피눈물을 흘렸다. 아들을 살릴 수만 있다면 무엇이든 해야겠다는 마음뿐이었다. 간절한 마음으로 기증자가 하루빨리 나타나기를 기다렸지만 소식이 없었다. 아들을 살릴 방법이 없어서 망연자실하고 있을 그때 마음 가운데 떠오르는 생각이 "그렇지, 내 신장을 떼 주면 되겠네." 더 이상 주저할 이유도 망설일 이유도 없었다. 아내한테 내 신장을 주겠다고 말하고 가족의 동의를 구했다.

그런데 당사자인 아들이 결사반대했다. 딸도 "아빠는 나이가 있어서 안 돼요. 제 신장을 오빠에게 주겠습니다." 딸의 결연한 태도에 마음이 아팠다. 딸아이에게 말했다. "너는 아직 결혼도 안 했고 나중에 엄마가 되어야 하는데 절대 안 된다." 아버지와 아들 그리고 딸이 한참 동안을 옥신각신했다. 논의 끝에 누가 신장 기증자로 더 적합한지 일단 검사라도 받아보기로 했다. 그동안 아들이 홀로 감당했을 고통을 생각하면 신장 하나가 뭐라고, 내 생명 전부라도 아낌없이 내어줄 수 있었다. 아들을 위해 이렇게 할 수 있다는 사실에 하나님께 감사했다.

수술 전날 밤 주치의 선생님이 병실로 찾아왔다. "아버님, 오른쪽 신장을 떼어줄까요, 왼쪽 신장을 떼어줄까요?" 나는 조금의 망설임도 없이 "선생님, 수술실에서 더 싱싱하고 좋은 것을 우리 아들에게 이식해 주십시오. 저는 나이도 있고 이만하면 살 만큼 살았으니 괜찮습니다. 하지만 제발, 더 좋은 것을 아들에게 주셔야 합니다." 선생님은 부모의 마음에 깊이 공감하면서 "아버님, 아드님을 생각하시는 마음 충분히 잘 알겠습니다. 저희도 그 부분까지 참고해서 최선을 다하겠습니다."

생명을
나눈 부자

많은 분들의 기도와 염려 속에 신장 이식은 성공적으로 마쳤다. 그 길고 힘든 시간을 거쳐 아들도 나도 별다른 후유증 없이 건강하게 일상으로 돌아왔다. 이 모든 것이 기적이었다. 다시 건강을 회복하고 활력을 되찾아가는 아들의 모습을 볼 수 있는 것만으로도 더 없이 행복했다. 서로 신장을 나눈 생명 공동체여서일까. 전보다 부자간의 정도 더 깊어졌다. 아들 또한 나를 대하는 태도가 사뭇 달라졌다. 아들은 건강 때문에 결혼도 하지 않겠다고 스스로를 인생의 감옥에 가두었지만 건강이 회복되어 지난달 사랑하는 짝을 만나서 아름다운 가정을 꾸렸다. 지금은 캐나다 맥마스터대학에서 신약학 박사 과정에서 공부하고 있다.

나는 아들에게 신장을 떼어주는 경험을 통해 하나님의 실체적 사랑을 몸으로 느끼게 되었다. "그렇구나. 우리를 죄에서 구원하시기 위해 당신의 몸과 피를 아낌없이 내어주신 하나님, 이 죄인을 이토록 사랑하사 나의 죄를 대신하여 독생자 예수 그리스도를 대속물로 내어주신 그 아버지의 십자가 사랑이 바로 이런 것이구나." 가슴에 저미도록 밀려오는 깨달음과 함께 감사의 눈물이 쉼 없이 흘러나왔다.

하나님, 진심으로 감사합니다. 제가 받은 이 크고 위대한 사랑을 세상으로 더욱더 흘려보내겠습니다. 목숨 다해 당신의 놀라운 사랑을 증거하며 살겠습니다.

결혼 기념일

4월 5일은 결혼기념일이다. 두 아이의 엄마이자 내 삶의 든든한 동반자로 소중한 동역자로 돕는 배필로 지난 39년을 묵묵히 목회 현장을 지켜준 아내에게 고마운 마음을 전한다. 뇌종양 진단을 받고 수술 받는 시간 동안 그 누구보다 마음고생이 컸을 아내에게 39번째 결혼기념일에 위로와 감사의 마음을 전하고 싶었다. 그래서 친구 목사님 두 가정과 함께 한강 둔치를 산책하며 시간을 보냈다. 산책 후에 음식점에서 저녁 식사를 했다. 모임이 끝날 즈음 미리 준비한 꽃바구니를 아내와 친구 사모님에게 전달했다. 커다란 꽃바구니는 아내에게 그리고 작은 꽃바구니는 친구 사모님에게 선물했다. 예상치 못한 깜짝 선물에 사모님들은 환한 미소를 지으며 진심으로 기뻐하셨다. 하지만 정작 그 날의 주인공인 아내의 표정이 그다지 밝지 않았다. 굳은 얼굴로 말없이 꽃바구니만 쳐다볼 뿐이었다. 아내의 모습에 친구 목사님이 우스갯소리를 했다.

보라 사모님은 저렇게나 커다란 꽃바구니를 받고도 감동이 없으시네. 오히려 저기 작은 꽃바구니 받은 사모님들은 저렇게나 좋아하시는데요.

아내가 꽃 선물을 받고 우울한 표정을 지었던 이유를 집에 돌아와서야 알게 되었다. 문제는 꽃바구니에 붙어 있는 리본 문구 때문이었다. 나는 나름 고민하면서 리본 한쪽에는 '결혼기념일 축하합니다'라고 쓰고 다른 한쪽에는 '평생 고마웠습니다'라고 적었는데 아내가 상한 마음을 차분하게 설명했다.

평생 고맙다구요. 지금 이걸 보고 제가 기뻐해야 한다는 말이에요? 마치 이 세상을 떠날 사람처럼 지난 39년의 결혼 생활을 마지막으로 결산하는 느낌이 들잖아요. 당신이 아프지 않을 때라면 몰라도 지금은 더더욱요.

아내의 서운한 마음에 후회가 밀려왔다.

나는 정말 전혀 그런 의도로 쓴 게 아닌데요. 당신 입장에서는 충분히 그렇게 생각할 수도 있었겠네요. 당신 마음을 깊이 헤아리지 못해서 정말 미안해요.

아내가 다시 말했다.

내게 정말 미안하다면 오래오래 건강하게 살아서 평생 저한테 고마워하세요.

나는 아내의 말에 '그렇게 하겠노라'고 약속했다. 그날 밤 나는 '감사하다'는 현재 진행형의 고백이 아닌 '감사했다'는 과거 완료형의 서술어 한 음절이 가진 감정의 간극이 이렇게 클 수 있다는 사실을 알게 되었다.

부부
행복 주일

우리 교회는 장미꽃 한 송이를 건네며 "사랑해, 자기야"로 사랑을 고백하는 특별한 날이 있다. 교회에 다니지 않는 이웃들까지도 소문을 들어서 잘 알고 있다. 성도든 아니든 이 날을 기다리는 분들도 계신다. 바로 부부 행복 주일 이야기이다. 부부 행복 주일의 파급력은 생각보다 크다. 이 날을 전후로 교회로 인도 되거나 어려움에 처해 있던 부부 관계가 회복되는 간증들이 계속되고 있다. 그렇게 기다리던 부부 행복 주일이 되었다.

강단에서 가정의 본질에 대한 메시지가 선포되자 예배당 이곳저곳에서 눈물을 훔치는 부부의 모습이 눈에 들어온다. 남편과 아내는 서로의 손을 꼭 잡고 서로에게 잘하겠다고 약속한다. 설교가 끝나면 서로를 끌어안고 그동안 하지 못했던 속마음을 나눌 시간을 준다. 서툴지만 서로가 진심을 담아 사랑을 고백하는 모습에 눈시울까지 붉어진다. 사랑의 고백에 뒤이어 세족식이 진행된다. 서로 발을 씻겨주며 배우자를 향한 고마움과 미안함에 눈물을 흘리는 모습은 이제 부부 행복 주일의 흔한 광경이 되었다.

여보, 미안해요. 그동안 내가 많이 부족했습니다. 이제부터는 정말 잘 할게요. 아니에요. 오히려 제가 더 문제였어요. 제가 더 잘 했어야 했는데. 우리 앞으로 더 많이 사랑하며 살아요.

짧은 시간 진심이 담긴 대화는 예배당을 은혜의 물결로 가득 채운다. 그 감동은 주변 부부에게도 전염되어 보는 이들까지 울컥하게 만든다. 예배의 마지막에는 축복 기도 순서가 있다. 남편은 가정의 영적 가장으로써 아내 머리 위에 경건하게 손을 얹고 서로를 위해 기도하는 시간을 갖는다. 서로에게 축복기도를 하게 함으로써 가정의 질서가 회복되고 말씀 안에서 가정이 든든히 세워지길 소원했다. 교회 바깥에는 감동의 순간을 기념할 수 있도록 포토존을 준비했다. 포토존에서는 기념 촬영을 하고 촬영한 사진은 인화해서 다음 주일 선물로 드린다.

평생을 목회 현장에 있었으면서도 뒤늦게 한 가지 사실을 깨닫게 되었다. 교회 목회보다 더 중요한 것이 가정 목회라는 사실을 말이다. 목회자는 외형적으로는 하나님의 위대한 일을 감당하고 있는 것처럼 보이지만 사실 목회자가 마음 놓고 사역에 전념하기 위해서는 보이지 않는 곳에서 묵묵히 헌신하는 가족들의 배려가 없으면 불가능하다. 교회 일이 언제나 우선순위가 되기 쉬운 목회자들은 가족들의 배려가 엄청난 희생이라는 사실을 간과하기 쉽다. 남편과 아내, 부모와 자녀의 관계가 잘 유지될 때 건강한 목회를 할 수 있다.

❹ 장 요약

모든 것이 탄탄대로였던 형통의 시간 뒤에 찾아온 시련은 내 삶과 목회 그리고 가족 모두에게 깊은 상처를 남겼다. 요셉이 형들의 배신과 보디발의 오해 그리고 감옥이라는 인생의 구덩이에서 인내를 배웠듯이 나 또한 교회 분란이라는 혹독한 시험대 위에서 나의 부족함을 깨닫고 무릎 꿇는 법을 배웠다. 그래서 그 고통스러운 시간들이 결코 헛된 시간이 아니었다. 하나님께서는 이 모든 과정을 통해 나를 더욱 낮추시고 나와 가족들에게 가장 필요한 치유와 회복을 허락하셨다. 절망 속에서 우리는 더 깊이 사랑했고 이해했고 하나님의 더 큰 섭리를 발견하게 되었다. 5장에서는 시련을 넘어 더욱 단단해진 믿음을 세상으로 흘려보내는 나의 목회 이야기가 펼쳐진다.

Part 5

유산
영원히 흐르는 복음의 강

인생의 거친 풍파 속에서 말로 다할 수 없는 깊은 마음의 상처를 입었다. 요셉이 그러했듯 모든 것을 잃은 듯한 절망의 순간도 있었다. 그러나 하나님은 그 고난을 통해 나를 더욱 정금같이 단련시켰고 당신의 지혜와 긍휼의 샘을 열어주셨다. 깨어진 관계들은 서서히 회복되었다. 5장에서는 모든 시련을 넘어 더욱 깊어진 믿음과 확장된 사랑으로 끝없이 생명을 흘려보내는 나의 목회 여정이다. 인생에서 고난을 경험한 한 사람의 목회자가 세상에 남기는 고귀한 유산이자 영원히 흐르는 복음의 강에 대한 이야기가 펼쳐진다.

딸의 눈물

하나님께서 우리 가정에 1남 1녀라는 자녀를 선물로 주셨다. 결혼한 지 4년 만에 태어난 아들 다윗은 묵묵하게 자신의 몫을 해내는 믿음직한 기둥과 같은 아들이었다면 딸 슬기는 아버지의 자랑스러운 트로피이자 삶의 활력을 불어넣어 주는 기쁨의 에너지원이었다. 나와 성향이 놀랍도록 닮아서 말도 잘 통하고 때로는 토닥거리며 다투는 모습마저도 사랑스럽다.

아내와 나는 목회 사역을 하느라 아이들 뒷바라지에 에너지를 많이 쏟지는 못했다. 우리 부부는 자녀들이 우수한 성적으로 명문대학교를 가는 것보다는 하나님을 바르게 알고 그분 안에서 바른 믿음을 가지고 살아가는 명품 신앙인이 되길 바랐고 그것을 위해 기도했다. 건강한 몸과 마음으로 신앙생활을 잘 하게 해 달라는 것이 간절한 소원이었다. 목사 자녀들은 부모가 목사라는 이유만으로 도덕성과 신앙의 모범을 강요받기가 쉽다. 교회 공동체 안에서 암묵적인 시선과 기대가 늘 존재한다. 성도들의 시선은 자칫 어린아이들에게 감당하기 어려운 부담과 족쇄가 되기도 한다. 스스로의 힘으로 믿음을 갖기 전에 먼저 성숙한 신앙인의 모습을 요구받기 쉽다. 어린 나이에도 목사 자녀들이 작은 실수라도 하면 교회 안에서 지적이나 비판의 대상이 되기도 한다.

감사하게도 큰 말썽 없이 아이들이 커 주었다. 딸아이는 우리의 바람대로 심성이 곱고 건강하게 잘 자랐다. 언제나 환하게 미소 짓는 얼굴에 예의 바르고 특히 말은 어느 누구도 따라올 수 없는 재능을 가지고 있다. 엄마는 이런 딸을 보며 "여보, 우리 슬기는 말에 특별한 은사가 있는 것 같아요. 어쩜 저렇게 말을 정감 있고 예쁘게 잘 할까요. 우리 딸이지만 정말 명품입니다."

아내가 자부심을 가질 만큼 딸은 어려서부터 우리에게 사랑과 기쁨을 선물했다. 성도들뿐만 아니라 주변 분들에게도 늘 한결같은 사랑을 받았다. 딸은 총신대학교 신학대학원과 교육대학원에서 공부하고 오륜교회에서 어린이 사역을 하고 있고 사위도 같은 교회에서 부목사로 사역하고 있다. 이렇게 자녀들과 목회 동지가 되어 같은 방향을 바라보며 걸어갈 수 있다는 사실이 나에게는 더 없는 기쁨이다.

그런데 그렇게 자랑스럽고 친밀하다고 생각했던 딸에게도 아빠가 모르는 마음의 깊은 상처가 있었다. 딸의 아픔을 알게 된 것은 병원에 입원하고 나서였다. 딸은 집과 교회가 멀어 출퇴근에 고생이 컸지만 엄마를 집으로 보내고 내 곁을 지키며 간병을 해주었다. 하루는 딸에게 조심스럽게 말을 걸었다. "딸, 나는 너와 참 친하게 잘 지내왔다고 생각하는데 네 생각은 어떠니?" 딸은 잠시 머뭇하더니 "네, 아빠와 친한 거 맞아요.", "그렇지? 혹시 아빠가 너한테 서운하게 한 적이 있다면 솔직하게 말해줄 수 있겠니?" 그 말이 채 끝나기 전에 환하게 웃던 딸아이의 얼굴에서 웃음기가 사라지더니 눈가에 굵은 눈물이 그렁그렁 맺혔다. 순간 가슴이 철렁하고 내려앉았다. 내가 무심코 한 말이 고등학교 시절 딸아이의 마음에 지울 수 없는 상처로 남게 되었다고 한다.

제가 어떤 음식이든 맛있게 잘 먹으니까 아빠는 저를 볼 때마다 '먹는 걸 절제하라'고 하셨어요. 살찐다고요. 아빠를 세상에서 가장 존경하고 좋아하지만 어릴 때 아빠가 무심코 던진 그 말이 제게는 정말 큰 상처가 됐어요. 학교 야간 자율학습을 마치고 집으로 돌아오면 배가 고팠거든요. 한 번은 식탁에 앉아 떡볶이를 정말 맛있게 먹고 있는데 그 날도 아빠는 '살찌니까, 좀 절제해야지'라고 하셨어요. 그때는 아빠가 저의 통통한 모습을 부끄럽게 여긴다고 생각했어요. 점잖게 건넨 그 한마디가 제게는 씻을 수 없는 수치심을 안겨주었어요. 그 뒤로는 친구들과 군것질을 할 때도 아빠의 그 충고가 계속 내 귓가에 맴돌았어요. '부모님조차 있는 모습 그대로 나를 받아들여주지 않는구나'라는 생각에 자존감도 뚝 떨어지는 걸 느꼈어요.

딸의 이야기를 듣고 나니 할 말이 없었다. 중고등학교 때는 많이 먹을 때라 그렇게 하면 키도 쑥쑥 자라고 몸집도 커지고 하는 성장 과정이었을 텐데 도대체 무슨 생각으로 딸에게 그런 말을 했는지 기억조차 희미했다. 딸의 이야기를 듣는 순간 후회가 밀려왔다.

사랑하는 내 딸아, 아빠가 너에게 말로 이토록 큰 상처를 주었구나. 그걸 여태까지 미처 헤아리지 못했으니 너무너무 미안하다. 아빠가 어떻게 해야 너의 상한 마음이 풀릴 수 있겠니?

나는 딸에게 진심을 담아 용서를 구했다. "사랑하는 딸아 아빠가 미안했구나. 얼마나 속상했니. 정말 미안해. 아빠를 용서해 줄 수 있겠니?" 부녀는 서로를 부둥켜안고 한참을 울었다. 눈물과 침묵이 병실을 가득 채웠다. 나는 딸을 위해 간절히 기도했다. 그렇게 딸은 오랜 감정의 벽을 허물었고 딸도 아빠를 부둥켜 앉은 채로 기도해 주었다. 딸의 얼굴은 환하게 빛났고 하나님의 최고의 걸작품으로 얼굴에서 해같이 빛나는 아름다운 모습의 딸을 보게 되었다.

아빠, 지금 제 마음이 마치 하늘을 날아갈 것처럼 시원해요. 오늘 밤 제가 아빠 곁에 남기로 한 건 정말 잘

한 것 같아요.

기적 같은 시간이 나에게 주어진 것 같아 감사했다. 부녀 사이에 오랫동안 존재했던 오해의 벽이 그렇게 허물어졌다. 우리 주님께서 진정한 화해와 치유의 시간을 허락해 주신 덕분이다. 사람들은 관계를 통해 서로에게 상처를 주고 상처를 받는다. 가장 가깝고 친밀한 가족관계에서도 그렇다. 우리가 하나님의 눈으로 모든 상황을 바라보고 상대의 아픔과 상처까지 진심으로 어루만질 때 함께 성장해 갈 수 있다.

나눔을 넘어선
상생의 길

우리 교회가 실천하는 이웃 사랑 가운데 하나가 지역에 개척 교회 선교사 파송이다. 중대형 교회들은 재정적 인적 자원이 넉넉하지만 대부분의 개척 교회는 자립하는 비율이 3%도 채 되지 않는다는 통계를 보면서 늘 안타깝게 생각했다. 그래서 우리는 지역에서 자립의 어려움을 겪고 있는 개척 교회에 선교사를 파송하기로 했다. 직분자들 가운데 훈련받은 성도들을 2명씩 파송했다. 교회에서 일정 과정을 훈련받은 직분자들 가운데 지역 파송 선교사라는 이름으로 2명씩 짝을 지어 지역 개척 교회로 파송했다. 파송된 성도들은 3년 동안 파송 받은 교회에서 예배, 헌금, 전도 활동 등 교회의 핵심적인 사역들을 성실하게 감당했다. 우리 교회의 철학 가운데 하나가 주변의 모든 교회들이 다함께 든든히 설 수 있도록 돕는 것이었다. 특히 지역 파송 선교사들에게는 잠시 출석하는 것을 넘어 파송된 그 교회에 뿌리내려 평생을 헌신하는 성도로 살아가도 좋다는 자율권까지 주었다. 이것은 하나님 나라의 확장을 위해 과감한 결단을 내린 사역이었다.

우리 교회가 지역 내 교회에 성도들을 선교사로 파송한 지 오랜 시간이 흘렀지만 예전이나 지금이나 이런 방식의 사역은 결코 쉬운 일이 아니다. 이 모든 일에 후회는 없다. 왜냐하면 참된 믿음이란 하나님을 전적으로 신뢰하고 그분의 뜻에 순종하는 것이며 하나님의 말씀을 나의 가장 가까운 삶의 현장에서 실천할 때 비로소 진정한 열매를 맺을 수 있다고 믿기 때문이다. 봉사든, 헌신이든, 물질이든 하나님을 위해 기쁨으로 사용되고 실천한 것만이 참 믿음이라는 사실을 깨닫게 된다.

오늘날 세상은 급변하고 있다. 예전에 효과를 봤던 전도 방식으로는 더 이상 전도가 쉽지 않다고 사람들은 말한다. 그러나 나는 확신한다. 복음의 본질은 예나 지금이나 달라진 것이 없음을 말이다. 혼돈의 시대 속에서 예수 그리스도의 구원의 은혜와 사랑이 절실히 필요하다. 한국 교회가 예수님처럼 겸손한 마음으로 사랑의 본을 보인다면 우리 교회가 실천하고 있는 개척 교회 선교사 파송과 같은 운동들이 한국 교회 복음화에 새로운 지평을 열어줄 새로운 '뉴노멀' 모델이 될 것이다.

미래를 위한
씨앗

우리 교회는 지역 사회의 소외된 이웃들 가운데 특히 어린아이들을 향한 사랑의 손길을 멈추지 않았다. 오래 전부터 방과 후 교실을 열어 기초생활수급자 자녀들과 맞벌이 자녀들을 대상으로 무료 학습 지도를 제공했다. 지금은 어린이집을 운영하고 있다. 처음 사역을 시작할 때는 맞벌이 부부들의 자녀들이 방과 후에 갈 곳이 없어서 방치되는 경우가 많았다. 대다수 가난한 가정의 자녀들은 경제적인 문제로 학원이나 사교육의 혜택을 받을 수 없는 형편이었다. 우리 교회는 이러한 현실을 외면하지 않고 방과 후 사각지대에 있는 아이들에게 따뜻한 울타리를 제공해줌으로써 지역 주민들의 시름을 덜어주었다.

우리 교회가 장학 사업에 관심을 가지게 된 것은 지역의 한 학교에서 급식비 지원을 요청해왔다. 학교는 우리 교회와는 좀 떨어진 곳에 위치하고 있었는데 우리 교회에 대한 소문이 그곳까지 전달된 모양이다. 학교 관계자는 절박한 마음으로 도움을 요청했다. 곧바로 학교를 찾아가 교장 선생님을 만나서 교회에서 준비한 급식비를 전달했다. 이 만남을 계기로 교회와 학교 간의 교류가 더욱 활발해졌고 장학금 지원 사업으로 발전하게 되었다. 지역에 위치한 학교를 대상으로 지원하는 장학금과 경제적인 어려움에 있는 가정을 대상으로 지원하는 생활비 지원 사업은 우리 '선한이웃 봉사단'의 자랑이다. 40여 종류에 이르는 사업은 우리 교회가 땀과 사랑으로 씨를 뿌리고 인내로 성장시켜 온 소중한 사랑의 열매이다.

우리 교회가 장학 사업에 재정과 마음을 쏟는 이유는 아이들의 무한한 가능성 때문이다. 무한한 가능성을 가지고 있는 아이들의 꿈을 응원하기 위해서다. 우리는 교회를 통해 받은 사랑이 아이들의 마음속에 깊이 심겨져 그들도 언젠가는 또 다른 누군가를 위해 사랑의 전도자가 되었으면 하는 마음이다. 종교를 갖고 있지 않음에도 우리 시대 어른 김장하 선생처럼 우리 교회가 어른 노릇을 하면 좋겠다는 마음이다. 그들이 하나님과 교회의 사랑 속에 있다는 사실을 깨닫는다면 그 사랑의 효과는 상상 그 이상일 것이다. 사랑을 받은 아이들은 절망의 구덩이에서 나와 미래에 대한 설계를 할 것이며 더 나아가 자신이 속한 가정과 공동체를 진심으로 사랑하게 될 것이다. 사랑으로 성장한 꿈나무들이 먼 훗날 이웃에게 손을 내미는 영적 리더들로 자랐으면 한다. 거대한 한 그루 나무도 작은 씨앗에서 시작되듯이 아이들에게 건넨 우리 교회의 작은 사랑이 하나님의 원대한 계획 속에서 더 큰 사람으로 성장하게 되는 밑거름이 될 것이다.

아름다운 동행

2017년 11월 15일 경북 포항에서 규모 5.5의 강진이 발생했다. 포항 시내는 물론 한동대학교까지 피해를 입게 되었다. 그 소식을 듣고 선한이웃 봉사단은 트럭에 식수와 빵 그리고 주방용 조리 도구들을 싣고 포항으로 내려갔다. 피해 현장은 또다시 지진이 발생하지 않을까 하는 불안감이 엄습했다. 늦가을 쌀쌀해진 날씨에 싸늘함마저 들었다. 준비해 간 식재료들로 즉석에서 부침개를 부쳐내고 한마음으로 피해 복구에 여념이 없는 봉사자들을 격려했다. 허기에 지친 주민들과 자원봉사자들 2,000여 명을 푸드 트럭으로 섬기게 되었다.

2023년 7월 13일 수도권에 기록적인 폭우가 내렸다. 그때 마침 나는 필리핀 선교 중에 있었다. 선교지에서 우리 동네가 집중호우로 인해 인명과 재산 피해를 당했다는 안타까운 소식을 듣게 되었다. 소식을 듣고 있는 내내 마음이 불편했고 선교지에 더 이상 머물러 있을 수 없었다. 현지에서 선교 일정을 다음으로 미루고 귀국행 비행기에 몸을 실었다. 교회로 돌아와서 수해 현장을 가보니 수마가 휩쓸고 간 자리는 아주 처참했다. 전쟁으로 폐허가 된 도시처럼 아수라장으로 변해버린 동네 곳곳을 보면서 할 말을 잃어버렸다. 주민들로는 감당할 수 없어서 피해 복구를 위해 군대까지 동원되었다. 우리 교회는 전 성도들이 발 벗고 나서 피해 주민들의 손을 잡아주었다. 물에 잠기고 토사물에 휩쓸려 못쓰게 된 가재도구를 집 밖으로 꺼내고 잔해물들을 치웠다. 여름 무더위에도 성도들은 한마음으로 복구 작업에 힘을 보탰다.

쉴 새 없이 복구에 힘쓰고 있는 군인들을 보면서 안타까운 마음까지 들었다. 군복은 땀으로 범벅이 되었다. 그래서 우리 교회는 군인들을 위한 쉼터를 마련하고 그들의 허기진 배를 채워주기 위해 자식을 먹이듯 정성스레 음식을 준비했다. 성도들의 진심 어린 대접을 받은 군인들은 부대로 복귀하는 날 하나 같이 감사 인사를 전했다. 수해로 망연자실한 주민들이 하루빨리 일상으로 복귀할 수 있도록 도와주고 수해 복구 현장에서 수고하는 군인들의 허기진 배를 채워주는 것이 성경적 삶의 실천 아닌가? 전도지를 들고 길거리에 나가 "예수 믿으세요!"라고 외치지 않아도 삶의 현장에서 나눔과 섬김을 통해 하나님의 사랑을 전하는 것이야말로 하나님 나라의 확장 아닌가? 하나님의 사랑을 품고 살아가는 자들이 해야 할 일은 곤경에 처한 이들을 외면하지 않고 그들의 아픔에 함께하는 것이다. "네 이웃을 네 몸과 같이 사랑하라"는 주님의 말씀을 기억하며 우는 자들과 함께 울고 웃는 자들과 함께 웃는 그것이 우리가 존재하는 이유 아닐까?

천국
잔치

우리 교회는 2년마다 가족수련회를 개최하고 있다. 가족수련회라는 말만 들어도 얼굴에 미소가 번지는 성도들이 많다. 가족수련회는 성도들의 마음 문을 열어주는 최고의 행사로 자리매김했다. 20여 년 전만 해도 전 성도들이 제주도나 백령도 같은 먼 거리까지 수련회를 떠난다는 것은 생각하기 쉽지 않았다. 특히 성도들이 지역사회에서 지속적으로 봉사를 하고 있기 때문이다. 그럼에도 전 성도가 함께 떠났던 수련회의 추억은 언제 떠올려도 감동 그 자체이다. 수백 명의 성도들이 제주도 비행기에 몸을 싣는 광경은 그야말로 장관이었다. 수련회는 출발하는 시간부터 이야기꽃과 웃음꽃으로 피어났다. 비행기를 처음 타 본다는 아이는 "여기는 좌석이에요, 입석이에요?"라고 질문하는 순간 듣는 이들이 박장

대소했다.

　가족수련회 기간 동안 부부와 자녀 사이에 잊고 지냈던 친밀한 고백들이 터져 나왔고 성도들도 서로 하나가 되어갔다. 점심은 야외에서 삼겹살 파티를 준비했는데 고기를 굽는 것부터 설거지까지 모든 일들을 남편들이 담당했다. 서로 쌈을 싸주고 먹여주고 즐거워하는 성도들의 모습을 보면서 '아, 천국이 바로 이곳이구나!'하는 생각을 하게 되었다.

　수련회의 하이라이트인 저녁 집회 시간에 자신들의 삶을 돌아보며 통렬한 회개를 쏟아내자 수련장은 이내 눈물바다가 되었다. 회개와 탄식으로 가득했고 집회는 은혜의 도가니였다. 곧 이어지는 프로그램이었던 어르신들이 준비한 미스코리아 선발대회는 울다가도 배꼽 잡고 웃는 시간이다. 여기저기서 폭소와 환호성이 터져 나왔고 장내는 웃음소리로 가득 채워졌다. 가족수련회를 통해 몸과 영혼을 충전했을 뿐만 아니라 우리 모두가 예수 가족임을 재확인하는 시간이기도 했다.

우리 교회의 자랑거리는 지역 주민들과 함께하는 가족운동회다. 이 운동회는 성도들만을 위한 잔치가 아니다. 이날만큼은 동네 주민 누구라도 우리의 소중한 가족이 된다. 운동회는 볼거리와 먹을거리로 가득하다. 특히 여성 축구 경기는 보는 이들에게 재미를 선물한다. 마치 물고기 떼처럼 공을 따라 몰려다니는 선수들의 열정은 오프사이드나 핸들링 같은 규칙마저도 무색하게 만든다. 선수들이 서로 뒤엉키고 헛발질에 공이 어디 있는지 보이지도 않는 상황에서 경기가 너무 과열된 탓일까. 선수 한 명이 쓰러졌다. 순간 걱정이 되었다. 여기저기서 절로 기도가 나왔다. 감사하게도 쓰러진 분은 언제 그랬냐며 자리를 털고 일어난다.

기마전은 승리를 향한 집념 하나로 머리채를 잡히고 목이 꺾이고 옷이 찢기는 해프닝들이 속출하지만 누구 하나 상대를 원망하지 않는다. 함께 웃고 즐기며 땀 흘리는 것 자체가 기쁨이다. 운동회 대미를 장식할 행복 마라톤은 동네를 함께 달리는 시간이다. 혹시 모를 사고를 최소화하기 위해 지역 교통 경찰관들의 도움을 받는다. 지역 사회가 함께 참여하는 행사이기에 운동회는 교회 잔치가 아니라 동네 잔치가 되었다.

   운동회를 마치고 나면 부상자들이 속출한다. 팔다리에 깁스를 한 성도들도 있다. 하지만 아픔은 잠시뿐이고 운동회의 후일담을 쏟아내며 이야기꽃을 피운다. 누가 더 큰 상처를 입었는가 하는 것이 마치 행복의 크기가 되기라도 하는 양, 서로의 아픔을 스스럼없이 자랑거리로 삼는다. 가족운동회를 통해 교회와 지역 공동체는 사랑으로 맺어진 가족이 되어갔다.

하나님을
닮은 언어

말은 곧 그 사람의 마음을 비추는 거울이자 그 사람의 인격의 표현이라고 할 수 있다. 말과 글만큼 한 사람을 보여주는 강력한 소통 수단은 없다. 성경에는 유독 말과 혀의 권세에 대한 구절들이 많다. 특히 잠언에는 말의 중요성과 함께 어떻게 말을 사용해야 하는지에 대해 반복적으로 말씀하고 있다. 우리는 말을 할 때 언제나 신중해야 하며 이왕이면 긍정적이고 생명력 넘치는 언어를 사용해야 한다. 사람의 영혼을 살리는 생명의 언어 습관을 가지는 것이 크리스천들이 가져야 할 기본적인 자세이다.

이런 생명의 언어를 가장 잘 구사하신 분이 예수님 아니셨을까? 예수님은 간음하다 현장에서 붙잡혀 돌에 맞아 죽을 위기에 처한 여인에게도 따뜻한 위로의 언어로 그녀의 생명을 구원해 주셨다. 어린아이들이 당신께 나아오는 것을 금하려던 제자들을 엄히 꾸짖기도 하시고 어린아이들을 품에 안으시고 축복해주셨다. 사람들의 시선을 피해 대낮에 우물가로 나섰던 수가 성 여인에게는 정죄보다는 공감의 언어로 응대해주셨고 오랜 세월 그녀를 짓누르고 있던 아픔에서 해방시키셨다. 이 모든 것이 생명의 언어가 가진 힘이었다.

인간의 언어에는 신비로운 힘이 있다. 인간의 언어에는 사람을 치유하고 살리는 능력이 있는 동시에 파괴하고 절망하게 하는 능력 또한 있다. 말 한마디가 죽어가는 생명을 살릴 수도 있지만 다른 한편으로는 한 사람의 인생을 나락으로 떨어뜨릴 수도 있다. 말 한마디로 천 냥 빚을 갚는다는 속담처럼 큰 복을 가져올 수도 있지만 잘못된 말 한마디로 평생의 짐이 되기도 한다. 일상에서 무심코 사용하는 언어가 얼마나 중요한지는 누구나 깊이 공감할 것이다. 나는 이런 언어의 속성을 충전형 언어와 방전형 언어로 구분한다. 충전형 언어는 사람들에게 희망과 용기를 불어넣고 변화와 치유를 이끌어내는 생명의 언어를 말한다. 나는 일찍부터 충전형 언어 사용을 훈련해 왔다. 누구와 대화를 하던지 상대방을 기운 빠지게 하는 방전시키는 말이 아니라 그 사람에게 활력을 불어넣는 충전시키는 언어를 사용하려고 노력해 왔다.

모든 것이 잘 되어 갑니다. 매 순간 신이 납니다. 모두 당신 덕분입니다. 진심으로 감사합니다. 그것은 전혀 문제가 되지 않습니다. 다만 그것을 문제로 바라보는 당신의 생각을 바꿔야 할 때입니다.

나의 이런 긍정적인 언어 습관을 알아주고 인정해 주는 분들이 주변에 많이 있다. 나는 성도들에게도 충전형 언어 사용을 철저하게 훈련시켜 왔다. 목회자는 말할 것도 없고 크리스천이라면 생명의 언어 사용을 훈련해야 한다. 왜냐하면 우리의 삶은 전 영역에서 다른 이들에게 선한 영향력을 미치는 첫걸음이 우리가 사용하는 말에서부터 시작되기 때문이다. 우리는 하나님으로부터 부름 받은 자들로 세상에서 하나님의 선한 영향력을 발산하는 존재들이 되어야 한다.

누구에게나 환대하는 마음으로 다가가고 따뜻한 미소로 건네는 대화는 상대방의 마음을 열고 그 사람을 변화시키는 놀라운 힘을 가지고 있다. 평소에 만난 분들을 보면 표정이 어둡고 언제나 우울해 보이는 사람들의 공통점은 그들이 사용하는 언어가 대체적으로 부정적이다. 그들은 끊임없이 불평만 늘어놓고 근심 걱정을 달고 산다. 그런 사람들과 대화하는 것은 때때로 지치고 힘이 든다. 나에게 고민을 상담하러 와서도 정작 자신의 문제점은 직시하지 않고 남을 탓하거나 세상만 원망하며 신세한탄만 늘어놓는 분들이 부지기수다. 이런 경우 그분들에게 말의 중요성과 언어가 가진 파급력에 대해 설명한 뒤 특별 과제를 내주곤 한다. 오늘 하루 당신이 사용하는 모든 말을 녹음해서 밤에 혼자 다시 들어보라는 과제이다. 당신의 언어가 당신의 삶을 어떻게 만들고 있는지 되돌아보라고 말이다.

누군가를 진정으로 이해하고 싶다면 그 사람의 언어를 살피면 된다. 상대를 힘이 나게 하고 유익을 끼치는 긍정적인 언어를 사용하는 사람들 주변에는 언제나 따뜻하고 밝은 에너지를 얻으려는 사람들이 몰려든다. 다른 분들을 행복하게 하고 스스로 긍정적 에너지를 몰고 다니는 충전형 언어 사용자들은 놀랍게도 자신의 삶 또한 윤택하게 된다. 결과적으로 말은 곧 에너지이며 기도 그 자체이다. 사랑과 감사가 가득 담긴 축복의 말은 상대방의 영혼을 살리고 자기 자신도 생명력으로 충만하게 만든다. 반면에 비난과 불평 그리고 저주의 말은 상대와 나 그리고 우리 모두를 인생이라는 구덩이로 밀어 넣는다. 이처럼 언어에는 보이지 않는 강력한 파동이 존재한다. 이 파동에 따라 우리의 삶과 관계가 달라진다. 그래서 잘 되는 가정과 교회는 사용하는 말부터 다르다. 자녀에게 좋은 말을 끊임없이 건네는 부모의 언어 습관이 훌륭한 자녀들을 길러낸다. 리더의 긍정적이고 희망 가득한 격려의 말이 자신이 속한 조직 전체에 활력을 불어넣고 기적을 만든다.

❺ 장 요약

시련과 역경 속에서도 하나님 사랑과 이웃 사랑이라는 긍휼의 마음을 품게 되었다. 가족과의 아픔이 회복되고 상처 입은 영혼들을 보듬으며 내 삶이 하나님 사랑과 이웃 사랑의 통로가 되기를 소원했다. 요셉의 삶이 그러했듯이 나 또한 내가 가진 것을 세상으로 흘려보낼 때 참된 기쁨이 찾아온다는 것을 깨닫게 되었다. 그래서 지역 어르신들에게 행복을 선물했고 미래 세대에게 사랑의 씨앗을 심었고 재난의 현장에서 고통 받는 자들의 선한 이웃이 되고자 손을 잡아준 모든 순간들이 영원히 흐르는 복음의 강이 되어 온 세상 가득 적셔지길 소원했다. 이 모든 역사를 가능하게 한 것은 하나님의 전적인 은혜였지만 우리가 사용하는 생명의 언어가 가진 힘이기도 했다. 나는 오늘도 변치 않는 하나님의 사랑을 증거하며 이 땅에서 하나님 나라를 세우는데 한 알의 밀알이 되고자 한다. 6장에서는 나의 건강에 대한 소식을 들은 분들이 보내주신 격려의 글이다. 짧은 글이고 감사 인사지만 이 글들은 내가 그동안 걸어온 삶을 되돌아보게 하는 반면교사이기도 하다.

Part 6

동행
사랑과 감사

지난 겨울 막바지에 봄이 곧 올 거라고 생각했던 어느 날이었다. 시베리아 저기압이 냉기를 몰아오더니 봄을 다시 보리라는 나의 확신을 걷어차 버렸다. 마음의 준비는커녕 길을 떠날 채비도 없이 둥지를 떠나라는 명령처럼 들리는 뇌종양 진단을 받던 그날 한참 하늘을 쳐다보았다. 이 땅의 연수가 유한하다는 것은 알고 있지만 조금은 천천히 올 것이라는 막연함 앞에 힘없이 무너지는 자신을 다시 채근해야만 했다. 주님이 부르시면 언제든 가리라. 하지만 생에 대한 미련보다 사명이란 놈이 내 발목을 잡고 놓아주지 않는다. 여전히 나에게 남은 사명이 있다.

나의 치료 과정은 미리 짜놓은 시나리오처럼 순적하

게 진행되었다. 서울 S병원에서 뇌종양 제거 수술을 받았다. 마취에서 깨어난 후 천장 불빛이 나의 시신경으로 들어옴에 감사했다. 손가락도 발가락도 움직일 수 있음에 감사했다. 침대에 누워 아내를 물끄러미 쳐다보았다. 그리고 내 아내 이보라를 기억해 냈다. 머리를 열고 종양을 제거하는 수술을 받았다. 삶과 죽음이라는 경계선을 지나온 나는 이 모든 상황에 감사했다. 감사의 눈물이 얼굴을 타고 침대를 적셨다. 아내에게 펜과 메모지를 부탁했다. 나에게 계속 숙제를 내시는 주님의 메시지를 기록해야만 했다.

하나님 사랑과 이웃 사랑이라는 계명을 실천하기 위해 몸부림쳤던 지난날들이 주마등처럼 지나갔다. 나는 지금 제2의 도약을 꿈꾼다. 그 꿈은 지역 사회를 넘어 한국 교회를 향한 꿈이다. 더 이상 꿈꾸지 않는 한국 교회에, 병상에서 만난 하나님께서 요셉학교라는 새로운 프로젝트를 주셨다. 그래서 나는 다시 깨어나야 했는지도 모르겠다. 한국 교회가 다시 하나님으로 꿈을 꾸는 교회가 되었으면 좋겠다. 나는 수술을 하고 4일 만에 주일 강단에 다시 섰다. 이 모든 것이 하나님의 은혜이다. 병상에서 나로 하여금 다시 꿈꾸게 하신 하나님을 말하고 싶어서 강대상에 섰다. 나는 교회와 동네로 돌아왔다. 성도들과 주민들은 내 손을 다시 잡아주셨다. 주님이 주신 사명을 더욱 잘 감당하라는 뜻으로 받아들이고 오늘도 맡겨주신 사명에 충성하려고 한다.

6장은 저에 대한 소식을 들은 동역자들과 성도들 그리고 이웃들이 보내온 글들이다. 나의 건강 회복과 책을 쓰고 있다는 소식에 격려와 응원의 메시지가 담겨 있다. 보내준 글들은 저의 가슴을 울리는 기도문이었고 저에게 주어진 생명의 시간들을 더욱 소중하게 만든 감사의 증언이다. 글을 보내주신 모든 분들에게 이 자리를 빌려 감사드린다. 보내주신 글은 병마와 싸우고 있는 저에게 그 무엇보다 큰 힘이 되었다. 글들 가운데 일부는 먼저 출간한 「여전히 교회를 사랑합니다」에 실었고 이 책에도 중복 게재했다. 다만 전체 글을 다 실지 못함에 용서를 구한다. 보내준 글들은 내가 누구인지를 볼 수 있게 했다.

이철우 목사 | 새빛교회 담임

그는
어둠 속에서도
빛을 찾는 사람이었습니다.

질병이 몸을 덮었을 때도
고통이 삶을 조여 올 때도
그는 말했습니다.
"아직 끝이 아니야
하나님은 여전히 나를 쓰신다."

그 말은 선언이었고
기도였으며
다시 피어나는 불꽃이었습니다.

그는 자신의 신장 하나를
사랑하는 아들에게 내어주었습니다.
살아 있으려는 몸이 아니라

살리려는 마음으로
그는 그렇게
하나님의 사랑을 몸으로 증명했습니다.

그는 또 다른 꿈을 꿉니다.
제2의 종교개혁
다시 깨어나는 교회
다시 순수해지는 복음
다시 무릎 꿇는 성도.
그는 오늘도 믿습니다.
"꿈꾸는 자가 오도다."
이 땅에 다시
하나님 나라를 흔들 이들이

그는
무엇이든 알고 싶어 했고
무엇이든 전하고 싶어 했습니다.

그 자신감은 자랑이 아니라
하나님을 향한
신뢰의 다른 이름이었습니다.
그는 자신을 가리켜 돈키호테라고 합니다.
그의 말은 가끔 웃음을 자아내지만
그 삶은 언제나
우리의 가슴을 뜨겁게 했습니다.

이제 그는
자신의 이야기를
우리의 이야기를
그리고 하나님의 이야기를
한 권의 책으로 엮고자 합니다.
그 책은 한 사람의 회복이 아닌
수많은 이들의 각성의 나팔이 될 것입니다.

윤창규!
그는 목사였고
아버지였으며
끝까지 꿈꾸는 자였습니다.
그리고 오늘
그의 꿈이
다시 우리 안에서 살아납니다.

김찬곤 목사 | 안양석수교회 담임

윤창규 목사는 하나님을 사랑하고 하나님의 나라를 위하여 꿈꾸며 하나님의 영광을 위하여 생명을 드리길 소망하는 사람이다. 그 누구보다도 하나님의 교회가 바로 서기를 소망하고 한국 교회의 새로운 부흥을 이루기를 갈망하는 친구이다. 나의 소망이 있다면 그가 건강을 완전히 회복하는 것이다. 다른 어떤 표현보다 그냥 내 곁에 조금 더 아니 아주 오랫동안 같이 있었으면 좋겠다. 그의 어머니께서 장수하셨던 것처럼 사랑하는 성도들과 친구들 그리고 이웃들에게 언제나 선한 영향력을 끼치는 사람으로 오랫동안 함께 있기를 진심으로 바란다.

나정미 집사 | 청년부 출신 제자

청년 시절 선한 영향력을 주신 나의 멘토 윤창규 목사님. 청년의 때 습관처럼 주일에만 예수님을 만나고 다시 세상으로 돌아갔던 제가 목사님의 가르침을 받고 예수님을 인격적으로 만나서 지금까지 신앙을 지켜나갈 수 있었습니다. 귀에 딱지가 앉도록 하나님 사랑과 이웃 사랑을 강조하신 덕분에 저도 나만 잘 되는 것이 아니라 함께 잘 사는 길을 지금 걸어가고 있습니다. 목사님과 함께한 청년의 때를 돌아보니 소소한 추억들이 많이 생각납니다. 지금은 거리가 멀어서 다른 교회에 출석하고 있지만 마음은 항상 목사님께로 향해 있습니다. 제 기도 제목 일부가 목사님의 사역임을 잊지 말아 주세요. 저희 결혼식 주례를 해주셨던 것처럼 예은이, 나은이 결혼식에도 주례를 부탁드립니다.

신형진 목사 | 경일노회 남부시찰

윤창규 목사님을 처음 뵈었을 때 "와 진짜 쎈 분이 오셨다"하고 생각했습니다. 아무리 쎈 분이라도 후배로 들어오면 아무 문제가 없지만 선배님이신데 골치 아프게 됐습니다. 그래서 선입견을 가지고 목사님과는 조금 거리를 두고 지내야겠다고 생각했습니다. 하지만 목사님은 족구를 하면서 시찰회 목사님들과 금세 친해지셨습니다. 저도 같이 운동하면서 무장해제가 되었습니다. 목사님은 사람들을 하나로 만드는 힘이 있습니다. 목사님께서 자주 말씀하셨습니다. "운동이 사람들을 친하게 만든다. 그래서 우리는 수련회를 갈 때마다 남녀 할 것 없이 운동을 한다." 목사님은 운동을 통해 서로 하나 되는 사랑의 공동체를 만드셨습니다.

목사님은 하나님 나라에 필요한 사역이라고 생각하시면 반드시 해야 한다고 말씀하시며 그 일을 관철해 내시는 가장 쎈 분입니다. 언제나 긍정 마인드로 사셨던 목사님께 질병이 찾아올 거라고는 생각도 하지 못했습니다. 목사님께 질병이 찾아왔다고 해서 많이 걱정했습니다. 그런데 조금도 흔들림 없이 하나님을 의지하는 강한 모습을 보여주셨습니다. 역시 목사님은 쎈 분이 맞습니다.

이규섭 목사 | 호남협의회

퍼스트 무버(first mover)는 선구자, 앞선자 라는 뜻으로 역경과 시련을 극복하면서 높은 뜻을 실천해 가는 지도자를 일컫는다. 하나님께서 내게 동역자로 세워주신 목사님은 분명 이 시대의 퍼스트 무버이다. 그는 철저한 개척 정신과 도전 정신으로 평생을 사역자로 살아왔고 쉼 없이 창의성을 가지고 새 사역의 지평을 열어 오신 분이다. 하나님께서 내게 베풀어주신 은혜 가운데 하나는 바로 그런 목사님을 만나서 동역하게 해 주신 것이다. 목사님은 사랑의 사역자이다. 목사님의 사역의 특징은 철저하게 그리스도의 사랑을 지역 사회에 실천하는 사랑의 목회를 하는 분이시다. 목사님은 열정의 사역자이다. 목사님의 설교와 강의를 들으면 뜨거운 열정이 타오름을 느낀다. 목사님은 비전을 일궈온 꿈의 사역자이다. 목사님은 오직 미래를 논하고 말하기를 좋아하는 목사님이다. 그의 언어는 늘 미래에 대한 꿈이 담겨 있고 하나님의 나라에 대한 비전이 가득 담겨 있다.

이용철 목사 | 복된교회 담임

세월 속에서 지층이 생기고 나이테가 생기듯
어느 한 순간의 모습만으로는 다 말할 수 없는
시작과 과정과 끝을 묶어서 보이는 모든 것이
모자람 없는 당신의 모습이었음을 인정합니다.

저는 거인(巨人)을 만났습니다.
교회가 하나 되고 교회답기 위하여 늘 분주했으며
예수님의 말씀을 삶으로 살아내고
증거(證據)함에 있어서는 늘 진심이었던 분.

주의 말씀을 근거(根據)로 순종함과
사랑을 이룸에 있어서 머뭇거림이 없고
사랑의 말이나 몸짓에 거짓이나 사욕이나 과시가 없고
스스로 거만(倨慢)하지 않아서
언제나 부족한 자들을 위하여

늘 옆자리를 내어주시던 분.

바닥을 경험했던 자의 여유로
스스로 미생이라 여기며
얍복강에서 씨름하던 근 백세 청년 야곱처럼.

나음보다 좋음을, 좋음보다 옳음을
옳음보다 바름을, 바름보다 말씀을
치열하게 고민하던 분.

그러나 그 거인(巨人)이 거인(去人) 된다고 하시니
고개 저어 거부(拒否)할 수 있다면
일만 번을 그리하겠지만
끝없는 슬픔으로 시간을 되돌릴 수 있다면
눈물을 모아 하수를 만들겠지만.

이 모든 것이
그가 그렇게 의지하던
하나님의 뜻임을 믿기에
새벽녘 불어오는 바람 맞으며
그가 그리던 아름다운 꿈을 함께 꾸어보렵니다.

당신과 함께했던 모든 날들은
항상 넉넉했으며 더할 나위 없이 좋았습니다.
그래서 참 감사합니다.

배명원 목사 | 강남교회 담임

기댈 수 있는 사람이
옆에 있다는 것은 큰 행운이었습니다.
형님처럼 든든했습니다.
형님을 통해 많은 것을 배웁니다.
목회의 긍정과 부지런함을 배웁니다.
성도를 대하는 사랑과 따뜻함을 배웁니다.
이웃을 대하는 섬김과 희생을 배웁니다.
모든 것을 억지가 아닌 당연함으로 여긴
그 마음을 배웁니다.

형님의 기쁨과 아픔을 기억합니다.
교회를 건축하고, 이웃을 위해
교회가 어떤 역할을 해야 할지
기쁨으로 소개하던 그 모습을 기억합니다.
교회의 분열이 누구보다 분통했겠지만 용서하고,

겸손을 가르치신 하나님께 감사하던
그 모습을 기억합니다.

때론 '왜'라는 질문을 하게 됩니다.
누구보다 목회를 사랑하고, 교회를 사랑 하시는데
더 할 일이 있고, 더 할 수 있다고 하시는데
지금껏 고통을 인내하며 받아들이셨는데

목사님을 위해 기도합니다.
주님! 윤창규 목사님을 불쌍히 여겨주옵소서.
주님의 손을 바라봅니다.
주님의 손이 목사님 머리 위에 올려짐을 봅니다.
주의 종을 불쌍히 여기사 치료하여 주옵소서.

이만식 목사 | 선한이웃교회 출신 교역자

윤창규 목사님은 인격적인 부분에서 참 좋으신 분이시다. 다소 개인적 견해가 있을 수도 있겠지만 저에게 있어서 목사님은 때로는 막내를 사랑하는 마음으로 훈계도 하시고 때로는 안타까운 마음과 사랑이 가득한 큰형님의 마음으로 위로하고 격려하시는 한없이 좋으신 분이셨다. 목회가 무엇인지 사역이 무엇인지도 모르던 시절 목사님을 통해 어떤 마음가짐으로 사역해야 하고 어떤 목회 철학을 가져야 하는지를 배웠기에 저에게는 참 스승이십니다.

이춘혁 목사 | 황금종교회 담임

깜깜한 어둠 속에서도 빛을 잃지 않는 사람들이 있습니다. 윤창규 목사님이 그런 분입니다. 언제나 긍정적인 생각으로 가득 차 있고, 긍정적인 생각으로 세상을 이해하려고 했고, 긍정적인 눈빛으로 사람들을 바라보셨고, 힘든 상황에서도 희망을 노래하는 삶을 살아오셨습니다. 가까이서 뵈면서 목사님은 우리에게 삶을 사랑하는 법 그리고 무엇이 참된 믿음인지를 몸소 가르쳐주셨습니다. 저는 윤창규 목사님을 형님으로 부릅니다. 몇 년 전 암 수술을 받은 어느 날 나에게 찾아오셔서 내 손을 잡아주시면서 하나님은 우리 이 목사님을 사랑한다고 반드시 좋은 일이 있을 거라고, 힘을 내라고 위로해주시던 목사님의 모습이 여전히 제 마음에 그대로 남아 있습니다. 어떤 어려운 일을 만나도 "잘 될 거야. 하나님이 아시잖아"하며 먼저 웃음 짓던 목사님. 누군가는 불평하고 낙담할 상황에서도 작은 기쁨 하나를 찾아내어 모두를 위로하신 목사님. 한겨울 칼바람에도 봄을 이야기하시던 모습은 우리 모두에게 큰 용기와 따뜻함을 전해 주었습니다.

조현민 목사 | 대서울교회 담임

윤창규 목사님은 제게 그리고 저와 함께하는 많은 이들에게 하나님의 살아계심을 삶으로 증거하셨던 분입니다. 목사님의 삶은 언제나 신실하신 하나님을 신뢰하는 믿음 위에 세워져 있었습니다. 어떤 상황에서도 "능력 주시는 자 안에서 내가 모든 것을 할 수 있다"는 고백을 삶으로 살아내셨습니다. 특별히 목사님은 지역 사회를 섬기며 하나님 나라의 가치를 이 땅에 심고자 힘쓰셨습니다. 지역 대표자들을 모아 이웃 사랑의 실천을 이끄셨고 매년 김장 나눔과 지역 소외계층 돌봄 같은 선한 일들까지 소중히 여기며 하나님의 사랑을 삶으로 나누셨습니다. 그러나 그 모든 외형적 활동보다 더 깊은 울림은 목사님의 마음 중심에는 늘 살아계신 하나님에 대한 확고한 믿음이 자리하고 있었다는 사실입니다.

인생의 선택 앞에서 갈피를 잡지 못할 때 목사님의 삶은 저에게 분명한 기준이 되어주었습니다. 때로는 아버지처럼 따뜻하게 품어주시고 때로는 믿음의 길을 선명히 가리켰습니다. 하나님은 지금도 살아계시며 그 살아계심을 믿음의 사람들을 통해 이 땅 가운데 선명히 드러내신다는 확신이 제게도 있습니다. 목사님의 새로운 인생 여정 위에 우리 주님께서 크신 은혜와 능력으로 함께하시기를 기도합니다. 목사님의 삶을 통해 계속 하나님의 영광이 선포되기를 소망합니다.

이성헌 목사 | 에꿈선교회

윤창규 목사님을 생각하면 다섯 단어가 떠오릅니다. 열정, 섬김, 긍휼, 긍정, 연단입니다. 목사님은 모든 것을 되게 하시는 분입니다. 목사님에게는 안 되는 것이 없습니다. 목사님은 온갖 부정적인 요소, 부족한 환경에서도 되게 하시는 긍정의 에너자이저입니다. 목사님의 긍정은 심리학에서 말하는 긍정이 아니라 하나님 안에서 복음 안에서 무한 긍정이라고 할 수 있습니다.

이훈창 목사 | 제일성도교회 담임

목사님은 주변에 힘들고 어려운 사람, 아픈 사람을 외면하지 아니하고 먼저 다가가서 손을 잡아 주며 즐거워하는 자들과 함께 즐거워하고 우는 자들과 함께 우는 그런 분입니다. 선한이웃교회는 관악구에서도 유별날 정도로 지역 주민들을 섬기기로 유명한 교회입니다. 목사님의 목회 철학을 교회에 고스란히 녹여냈습니다. 목사님은 아무도 관심을 갖지 않던 관악구 연합을 위해서도 누구보다 애쓰셨습니다. 연합을 위해서라면 기득권도 내려놓고 양보할 줄 아는 그런 분입니다. 목사님의 노력으로 오랫동안 둘로 나뉘어졌던 관악구교구협의회와 관악구기독교총연합회가 하나 되는 역사를 만들어 내셨습니다.

정창현 목사 | 푸른시냇가교회 담임

목사님과 사모님은 성경이 말하는 돕는 배필의 본보기가 아닌가 싶습니다. 서로 존경과 사랑을 아끼지 않는 모습은 주변 사람들에게도 큰 울림이 되지요. 목회는 결코 혼자 할 수 없는 것이기에 부부의 동역은 교회 공동체를 건강하고 아름답게 세워가는 소중한 자산입니다. 하나님 안에서 돕는 배필로 서로를 세워 가고 더 많은 사람들에게 믿음의 본을 보여주시는 두 분의 사역을 진심으로 응원합니다.

박건욱 목사 | 현대교회 담임

윤창규 목사님을 보면서 참 스케일이 큰 사람이라는 생각을 하곤 합니다. 그는 웬만해선 사람들을 모두 품습니다. 마치 바다가 온갖 종류의 물을 다 받아들이듯이 그는 많은 사람들을 잘 포용합니다. 어떨 때는 목사님의 스케일에 놀라움을 금치 못합니다. 저도 꽤 큰 사람이 되려고 노력하는 편인데도 윤창규 목사님은 나의 생각을 넘어설 때가 한두 번이 아닙니다. 그가 스케일이 큰 이유는 무엇일까? 나는 그 또한 하나님의 은혜라 생각합니다. 그가 그렇게 큰 사람이 된 것은 하나님이 그에게 은혜를 베푸셨기 때문입니다.

이현걸 목사 | 신사동교동협의회 총무

목사님과 첫 만남은 신사동 주민센터였습니다. 동주민센터와 동네 교회 목회자들이 신사동교동협의회라는 이름으로 모였고 초대 회장으로 윤창규 목사님께서 섬겨주셨습니다. 그렇게 시작된 모임이 7년이 되었습니다. 목사님을 생각할 때마다 떠오르는 단어는 열정입니다. 교회 사역도 그렇지만 신사동교동협의회, 관악구교회협의회, 관악경찰서, 다니엘기도회, 노회와 총회에서 그 많은 일들을 감당하시면서 피곤한 내색 한 번 보이지 않으시고 언제나 청년의 열정으로 사역하셨습니다. 몇 년 전 수해로 큰 피해를 입었을 때도, 코로나로 지역 교회들이 어려움에 처했을 때도 목사님은 언제나 앞에서 그렇게 열정적으로 사역하셨습니다.

박규갑 목사 | 영진교회 원로

하나님을 만나면 기적이 일어납니다. 이와 비슷하게 열정의 사람을 만나 그의 삶의 메시지를 들으면 도전을 받게 됩니다. 그래서 우리는 윤창규 목사님의 모습과 메시지를 아주 좋아합니다. 하나님을 향한 뜨거운 열정과 믿음의 도전이 오늘의 선한이웃교회를 이루었고 오늘의 관교총을 이루었습니다.

강석한 집사 | 다니엘기도회 서울남부지역장

목사님을 처음 뵈었을 때 첫인상이 강렬한 눈빛과 자신감 있는 화법 그리고 주변을 부드럽고 따뜻하게 만드는 기운이 아주 인상적이었습니다. 목사님께서 목회하시는 선한이웃교회 성도들 또한 목사님을 많이 닮았습니다. 서로를 따뜻하게 품고 섬기는 모습이 너무 좋습니다. 그래서 교회를 방문할 때마다 설렘이 있습니다.

윤남진 목사 | 선한이웃교회 출신 교역자

저는 목사님의 배려로 교육전도사부터 시작해서 전임과 부목사까지 사역하면서 목회자로서 갖춰야 할 기본적인 자세를 배우고 경험할 수 있었습니다. 만약 그 배움과 경험이 없었다면 교회를 개척하고 낯선 곳에서 새로운 사람들과 목회한다는 것은 불가능했을지도 모릅니다. 윤창규 목사님은 한국 교회에 이름난 목회자는 아니지만 목사님은 목회자의 목회자 같은 분입니다.

이억희 목사 | 예닮교회 담임

나의 친구 윤창규 목사를 만난다는 것은 기대와 설렘으로 시작됩니다. 한 번 만나면 하루의 뿌리가 뽑힐 때까지 희희낙락하며 밤낮을 지냈습니다. 특별한 주제 없는 얘기를 하염없이 나누며 허물없이 지내왔고, 만난 후 머릿속에 남는 말은, 매번 내리는 결론은 변함없는 우정입니다. 안 보면 보고 싶고 봐도 별로 특별한 일이 없지만 그냥 만나는 것으로 충분했습니다. 기도할 때마다 부르는 이름 윤창규는 이렇게 좋은 친구입니다. 윤창규! 그는 부드러우면서도 강합니다. 배려하면서도 정확합니다. 앞장서는 만큼 헌신적이고 희생적입니다. 마음에 거리끼고 하기 싫은 일일수록 윤창규 목사는 항상 먼저 앞에 있습니다.

황성연 목사 | 선한이웃교회 부목사

천 개의 심장을 가지고 계신 듯 지칠 줄 모르는 체력으로 사랑 실천으로 지역 사회를 정복해 가시는 모습을 보고 있노라면 가나안 땅을 정복하는데 귀하게 쓰임 받았던 여호수아를 보는 듯합니다. 그러기에 늘 도전이 되고 닮고 싶은 롤 모델이 되시는 윤창규 목사님 존경하고 사랑합니다.

박선원 목사 | 평화교회 담임

목사님을 처음 뵌 순간 참으로 오뚜기 같은 목사님이구나 하는 생각이 들었습니다. 넘어져도 힘들어도 지치지 않는 모습으로 다시 일어서시며 또 일어서셔서 용기 있게 앞으로 전진하는 그 모습에 깊은 감명을 받았습니다. 뿐만 아니라 목사님은 언제나 긍정적 마인드를 갖고 계신 분입니다. 대화를 나누다 보면 힘이 나고 용기가 생기는 것은 왜 그럴까요?

김경호 사모 | 황금종교회

오랫동안 목사님을 곁에서 지켜본 시간은 제게 참 소중한 선물과도 같은 시간이었습니다. 언제나 밝은 미소로 저희를 반겨주시던 목사님의 모습이 눈에 선합니다. 어떤 상황에서도 "할 수 있다, 하나님이 함께하시니 잘될 거야" 하시며 믿음을 선포하시던 목사님. 어떤 일이 닥쳐도 근심보다 감사할 이유를 먼저 찾으시던 믿음과 긍정의 힘이 얼마나 많은 사람들에게 빛이 되었는지 모릅니다.

서미선 사모 | 선한이웃교회

목사님을 만난 것은 저에게는 큰 축복이었습니다. 하나님께서는 목사님을 통해 성경 안에만 있던 하나님의 놀라운 영적 권위를 나의 눈으로 직접 목격하고 체험하게 하셨습니다.

문희정 간사 | 관안구교회총연합회

관악구에는 관악기독교총연합회(관기총), 관악구교구협의회(구청과 교회협의회), 관악구교경협의회(경찰서와 교회협의회)가 활동하고 있습니다. 목사님은 이단 교회가 관악구에 자리하지 못하도록 그 누구보다 노력하셨으며 아버지다움 스쿨 사업을 구상하여 지역 발전을 도모하셨고 코로나 팬데믹 때는 구청 직원들과 경찰서 직원들을 위문하고 지역 교회가 연합하여 부활절 연합예배 및 찬양제, 성탄예배 및 콘서트를 개최하여 지역을 위해 하나님 사랑과 이웃 사랑을 몸소 실천하셨습니다.

김종섭 장로, 유종녀 전도사 | 선한이웃교회

하나님 사랑과 이웃 사랑으로 지역 사회에서 하나님 사랑을 전파하시는 윤창규 목사님은 하나님을 신뢰하는 믿음과 열정으로 호랑이, 불도저, 하나님 나라 돈키호테라는 별명까지 만들어 놓으신 분입니다. 목사님은 목회가 가장 행복한 일이라고 하시며 힘든 상황에서도 단 한 번 후회도 불만도 불평도 없이 늘 에너지 넘치게 신나는 목회를 해오셨습니다.

정태호 의원 | 관악을 국회의원

대한민국은 선진국 중에서도 삶의 행복도가 가장 낮은 나라에 속합니다. 다른 선진국들이 평균 15%인 것에 비해 두 배나 낮습니다. 그만큼 정신적으로 빈곤국가입니다. 그래서 교회의 역할이 어느 때보다 중요합니다. 선한 이웃이 너무나 필요한 시대입니다. 목사님의 '선한 이웃' 철학이 한국 교회의 신뢰를 높일 수 있는 길이 아닐까 생각합니다. 힘들고 어려운 사람들의 든든한 이웃이 되고자 하는 목사님의 목회 철학이 그래서 든든하게 느껴집니다. 윤창규 목사님께서 우리 주민 곁에 오랫동안 있어 주기를 간절히 바라는 마음입니다.

조현섭 교수 | 총신대 중독상담학과

어떻게 이런 일이 있을 수 있을까요? 심리학에서는 자신에게 닥친 상황을 긍정적으로 받아들이고 잘 헤쳐 나가는 능력을 회복탄력성이라고 말하는데 윤창규 목사님은 회복탄력성으로는 설명이 불가능합니다. 저는 이 모든 것을 뛰어넘는 하나님의 은혜와 축복이라고 확신합니다. 목사님은 항상 하나님 안에서 진실하고 은혜로우며 우리에게 모든 면에서 참 모범이 되시는 분입니다. 목사님께서 병마를 이겨내시고 한국 교회에 큰 변화를 일으키는데 새로운 획을 그을 수 있을 것이라고 확신합니다.

고복희 국장 | 관악구청 복지가족국장

윤창규 목사님은 정말 정열적이시고 추진력이 짱이십니다. 제가 신사동에 동장으로 있을 때 어려운 일이 있을 때마다 먼저 상의했던 분이 윤창규 목사님이셨거든요. 늘 자상하게 배려해 주시고 들어주시고 필요한 것들을 채워 주신 고마우신 목사님이십니다. 목사님 아프지 마시고 오랫동안 지역 사회에 큰 등불이 되어주세요.

김종준 회장 | 신사동주민자치회장

선한 이웃이 되기 위해 최선을 다하는 모습이 참된 그분의 모습입니다. 자기 교회만을 고집하지 않으시고 지역 사회를 품어주시고 거기서 참된 교회의 모습을 찾는 분인 윤창규 목사님을 보고 있노라면 성경에 나오는 사마리아 사람이 생각납니다. 우리 동네에 선한이웃교회와 같은 선한 이웃이 있다는 것에 큰 위로가 됩니다.

유명희 권사 | 선한이웃교회

윤창규 목사님을 생각하면 열정이라는 단어를 떠올리게 됩니다. 2023년 봄 태국 선교 여행에 목사님과 함께했습니다. 일정을 마치고 숙소로 돌아왔는데 곧바로 집결하라고 하시더군요. 팀원들이 모여 함께 예배하고 기도회로 하루 일과를 마친 후 다과 시간을 가졌지요. 어디서 과일을 준비하셨는지 몰라도 20명이 넘는 팀원들이 과일로 배를 채웠습니다. 목사님은 "예배도 열정적으로 기도도 열정적으로 먹는 것도 열정적으로 먹어야 합니다" 하시는데 웃음을 참을 수 없었습니다.

김태조 권사 | 선한이웃교회

하나님의 사랑을 실천하시는 윤창규 목사님은 어떤 어려움 속에서도 하나님의 말씀과 꿈을 성도들에게 전하시는 분이셨습니다. 뇌종양 수술이라는 인생의 시련 앞에서도 하나님 사랑과 진리의 말씀을 전하기 위해 노심초사하셨습니다. 그 모습을 지켜보는 제 마음에 한없는 감동이 밀려옵니다. 수술 이후에도 목사님은 변치 않는 믿음으로 여전히 성도들에게 희망을 전하고 계십니다.

한일지 권사 | 선한이웃교회

사월에 핀 벚꽃처럼 순수하신 윤창규 목사님을 떠올려 봅니다. 목사님은 제가 존경하고 사랑하는 분입니다. 목사님은 믿음의 사람이고 행동의 사람입니다. 목사님에게는 항상 뜨거운 열정과 비전이 꿈틀거립니다. 하나님 사랑과 이웃 사랑이라는 목회 철학을 소중히 생각하며 나보다 남을 더 존중하며 사랑을 베푸시는 마음이 언제나 몸에 배어 있는 그런 분입니다.

신은혜 권사 | 선한이웃교회

50대 중반이 되던 어느 날 새벽을 깨우는 신앙생활을 해야겠다고 결단의 기도를 하고 있을 때 하나님께서 선한이웃교회로 인도하셨고 윤창규 목사님을 만나게 하셨습니다. 무엇보다 어르신을 공경하며 지역 사회를 섬기며 하나님 사랑과 이웃 사랑을 몸소 실천하시면서 사랑을 베푸시는 목사님의 모습을 볼 때마다 주님께서도 얼마나 기뻐하실까 하고 생각합니다.

윤창국 집사 | 동생

여름 방학이면 고구마밭에 가서 고구마 순을 뜯어 껍질을 벗겨 고구마 순 김치를 담아 시장에다 파는 일이 일상이던 시절, 형제들은 하나 같이 그 일을 하기 싫어해서 약속이라도 한 듯 이 핑계 저 핑계를 대며 빠져나갔지만 다섯째 창규 형은 어머니 곁을 지키며 어머니를 도왔습니다. 형제들은 조롱하듯 고구마 순 새끼라고 형을 놀렸습니다. 형님은 그 별명이 듣기 싫었을 텐데도 아랑곳하지 않고 언제나 어머니 부탁에 싫다는 내색도 하지 않고 언제나 순종하는 마음으로 어머니 곁을 지켰습니다. 그런 형님에게 주변 사람들이 "너는 커서 꼭 목사가 되어라"라고 자주 말씀하곤 하셨습니다.

선시은 권사 | 선한이웃교회

목사님을 한 단어로 말한다면 거인이라고 할 수 있습니다. 거인은 단순한 비유가 아니라 겸손과 사랑과 감사의 의미를 담은 깊이 있는 표현입니다. 목사님의 사랑이 얼마나 크고 얼마나 위대한지를 알기에 이렇게 마음이 아프고 눈물이 흐르는지 모르겠습니다. 목사님은 우리에게 큰 산이고 큰 나무셨습니다. 목사님께서는 누구보다 성도를 사랑했고 누구보다 교회를 사랑했고 그 사랑을 이웃 사랑으로 실천하신 그런 분이셨습니다.

김주나 권사 | 선한이웃교회

지난 25년 동안 신앙생활을 하면서 참 많은 일들이 주마등처럼 지나갑니다. 그중 가장 기억에 남는 것이 새 예배당인 선한이웃교회로 이전해서 제1기 제자훈련반에서 공부할 때입니다. 저는 가르침에 은사가 있으신 목사님의 가르침 덕분에 말할 수 없는 은혜를 받았고 말씀에 귀를 기울이게 되었습니다. 목사님 설교를 들을 때마다 하나님의 능력이 임하는 것을 체험하였고 큰 깨달음을 얻게 되었습니다.

김송자 권사 | 선한이웃교회

윤창규 목사님은 사랑이 많으시며 진취적이시며 성도들을 많이 사랑해 주시는 분이십니다. 성도들을 모시고 여행도 자주 다녀주시며 행복한 삶을 유지시켜 주시려고 노력하시며 부모님 공경을 강조하시는 효심이 강한 분이십니다. 리더십이 강하시며 이웃 사랑 실천을 몸소 실행하시는 분이며 영혼을 사랑하시고 열정이 강하신 분이십니다. 자녀들을 사랑하시며 사랑하는 아들에게 신장도 기꺼이 내어주신 분이십니다. 말씀 가르치시는 열정이 너무 강하셔서 여행을 떠나는 차 안에서도 쉬지 않고 말씀을 강론하시며 선교지에서도 훈련을 시키시는 그런 목사님이십니다.

이순녀 권사 | 선한이웃교회

창성할 창, 별 규, 이름을 잘 지으면 이름대로 됩니다. 다니엘 12장 3절 말씀대로 "지혜 있는 자는 궁창에 빛과 같이 빛날 것이요 많은 사람을 옳은 데로 돌아오게 한 자는 별과 같이 영원토록 빛나리라." 하나님은 창세전에 택하여 불러주신 그 이름대로 목사님께서는 꿈꾸는 자의 길을 걸어가셨습니다. 많은 사람을 옳은 데로 인도하기 위해서 쉬지 않고 뛰셨습니다. 한 알의 씨앗을 심고 싹을 틔우기 위해 힘써 물을 주고 거름을 주고 땀을 흘리셨습니다.

류순옥 권사 | 선한이웃교회

목사님은 동네 어르신들께는 아들 같은 분이셨습니다. 어르신 공경하기를 부모님께 하시듯 하셨으니까요. 아이들도 많이 사랑해 주셨습니다. 하나님 사랑과 이웃 사랑을 가르쳐 주셨고 그것을 또한 몸소 실천하신 분이셨습니다.

이명숙 권사 | 선한이웃교회

목사님과 만난 지가 27년이 되었습니다. 사업에 실패하고 50세 가까운 나이에 서울에 무작정 올라왔습니다. 단돈 천 원도 없이, 빚만 3천만 원 떠안고 말입니다. 그때 목사님을 만났고 하나님 나라의 큰 비전을 보게 되었고 긍정적인 마인드와 주님의 일을 우선순위에 두고 불도저와 같이 밀어붙이시는 모습에 저도 최선을 다했던 것 같습니다.

선규리 권사 | 선한이웃교회

뇌종양 선고를 받고 힘든 상황에서도 전 성도를 버스에 태워 강화도 여행길에 오르는 기막힌 일을 성도들에게 선물하셨습니다. 여행 중 점심시간에는 어미 새가 새끼 새에게 먹을 것을 입 속에 넣듯이 성도들 한 분 한 분을 살뜰히 챙기셨습니다. 그 모습에 가슴이 찡하고 아픔을 느꼈습니다. 그것이 목사님께서 성도들을 사랑하는 또 하나의 삶의 방식이었습니다.

김지혜 집사 | 선한이웃교회

"할 수 있다, 하면 된다, 해보자!" 선한이웃교회 성도라면 누구나 다 아는 문장이 있습니다. 그 말을 듣고 있으면 문제가 문제 아닌 것처럼 느껴져 어려움을 능히 이겨낼 수 있었습니다. 5살 교회를 놀이터 삼아 매일같이 다녔던 어린아이가 두 아이의 엄마가 될 때까지 윤창규 목사님과 함께했습니다. 30년이 넘는 시간 동안 한 교회에서 목사님의 사역을 지켜봐 온 한 사람으로서 목사님은 하나님과 이웃을 사랑하고 하나님이 우리의 소망을 이루어 주실 것을 확신하며 늘 할 수 있다는 믿음으로 교회를 세상 속에서 든든히 세워나가셨습니다.

김은화 집사 | 선한이웃교회

1996년 봄, 내가 만난 목사님은 주머니 없는 양복을 입은 신사였습니다. 주머니 없는 독특한 양복뿐만 아니라 신발의 굽이 닳은 구두를 신고 계셨습니다. 그런데 신사는 고운 분가루로 화장을 한 듯 화사한 낯빛이셨습니다. 목사님은 종종 제가 거는 다급한 전화를 받으시고 저희 집으로 달려오곤 하셨습니다. 고열로 몸을 부르르 떨며 근육과 얼굴이 경직되고 숨을 고르지 못하고 지친 제 아이를 가슴으로 안아 올리시고 '주님'하고 부르시며 눈물을 흘리셨습니다. 열이 심해 옷을 벗겨 둔 아이는 설사를 했습니다. 주머니 없는 신사가 입은 양복에 아이의 배설물이 배어들어도 아이를 꼭 끌어안은 채 기도를 멈추지 않으셨습니다.

주머니 없는 양복을 입은 신사는 세상 욕심을 취하지 않으려고 겉옷에 주머니를 없앴습니다. 아니 어쩌면 주머니에 넣을 새 조차 없이 꺼내 나눠야 하는 것인 줄 미처 몰랐습니다. 주머니 없는 양복의 신사는 부자입니다. 주머니에 넣고 다니는 것도 없는데 자꾸만 무언가를 꺼내고, 나눠주고, 퍼주십니다. 진정한 부자는 돈을 가지고 다니지 않습니다. 카드가 있기 때문입니다. 주머니 없는 양복의 신사는 하나님의 카드를 가지고 있습니다. 그러기에 내가 필요한 것을 요청하기만 하면 그분은 언제 어디서나 하나님의 카드를 꺼냅니다.

에필로그

내 삶을 이끈 하나님의 섭리

풀러신학대학원 박사 과정에서 흥미로운 은사 테스트를 경험하게 되었다. 은사 테스트는 27가지 은사 그래프를 통해 자신의 은사를 분석하는 것이었는데 결과가 나오기 전까지 나의 강점이라고 생각했던 리더십의 은사가 가장 높게 나올 것이라고 생각했다. 그런데 받아든 결과지는 나의 예상을 완전히 빗나갔다. 가장 높은 곳을 차지한 은사는 다름 아닌 긍휼의 은사였다. 그때까지만 하더라도 나는 긍휼의 은사가 정확하게 무엇인지 알지 못했고 뜻밖의 결과에 의외라는 생각마저 들었다. '왜 하나님께서 내게 긍휼의 은사를 주셨을까?' 지나온 내 삶을 돌아보니 내 목회 여정의 전반부가 긍휼이라는 은사와 연결고리가 있음을 그때 발견하게 되었다.

어린 시절 가난과 배고픔이 목회의 토대가 되어 이웃들의 고통과 어려움을 외면하지 않고 세심하게 보살피게 했다는 생각이 꼬리에 꼬리를 물고 인생의 파노라마처럼 내 눈앞에 펼쳐졌다. 타인을 긍휼히 여기는 마음은 스스로 긍휼에 처해 보지 않은 사람들은 체득하기 어려운 것이다. 나는 유독 다른 사람들의 아픔과 고통에 예민하게 반응했다. 때로는 주머니 사정을 고려하지 않고 힘이 닿는 대로 예수님의 마음으로 사람들을 도왔다. 내 능력으로 해결되지 않으면 다른 방법을 찾아서라도 문제를 해결해 주어야 직성이 풀렸다. 긍휼의 실천은 내 삶과 목회 전체를 아우르는 가장 중요한 가치이자 사역이 되었다.

청년이 된 이후 하나님께 매일 감사의 기도 제목을 드리고 있다. 물론 개인적인 고백이지만 배고픔과 가난에 시달리며 곤경에 처할 때가 많았음에도 삐뚤어지지 않고 성장할 수 있었던 것에 진심으로 감사하고 있다. 여전히 부족하고 모순투성이지만 말씀대로 살고자 애쓰며 복음의 열정으로 여기까지 왔다. 벧세메스로 올라가는 암소처럼 좌로나 우로나 치우치지 않고 오직 주님 한 분만 바라보고 왔다. 우리 주님께서도 부족한 종이 걸어온 인생 여정을 기억하실 것이다.

스무 살 이후 40년 넘게 목회자의 길을 걷는 동안 하나님은 한 번도 가난과 궁핍을 겪지 않도록 하셨다. 부자로 살았던 적은 한 번도 없지만 부족한 적도 한 번도 없었다. 하나님께서 모든 것을 채워주셨다. 하나님의 채워주심은 물질적 풍요를 넘어 만남의 복도 사역의 터전도 풍요롭게 해주셨다. 오직 교회와 이웃을 섬기는 일에 아낌없이 사용할 수 있도록 하나님께서 때마다 생각지도 못한 신비로운 은혜의 손길로 마르지 않는 강물처럼 채워주셨다.

> 하나님, 우리 동네에 홀몸어르신들이 굉장히 많습니다. 우리 교회가 어르신들을 위해 효도잔치를 열어야 하지 않을까요? 주님, 이제 우리 교회 성도들을 위해 승합차가 필요합니다. 새 차를 허락해 주세요.

강대상에서 비전을 선포하면 성도들의 눈에는 때때로 무리한 요청처럼 들릴 수도 있지만 하나님께서는 빛의 속도로 응답해주셨다. 이러한 놀라운 응답의 역사를 경험하고 나니 성도들도 하나님의 일하심에 대해 의심하지 않았고 하나님의 일하심을 기쁨으로 목도하게 되었다. "우리 목사님의 기도는 정말 빛의 속도로 응답해주시니 아멘입니다!"

이것은 단순한 기적이 아니라 하나님의 자녀들이 믿음 안에서 누릴 수 있는 특권이자 신비이며 믿는 자들에게 주시는 하나님의 선물이다. 하나님의 약속의 말씀을 붙잡고 기도할 때 그대로 이루어주신다는 여호수아와 갈렙의 고백처럼 말이다. "이 산지를 지금 내게 주소서." 이런 신앙의 결단 없이 도대체 무슨 재미로 신앙생활을 할 수 있단 말인가?

가나안 땅을 정탐했던 열두 명의 정탐꾼 가운데 열 명은 하나님의 임재를 보지 못하고 눈앞에 펼쳐진 거대한 물리적 환경만을 바라보고 두려움에 떨며 절망했다. 그러나 여호수아와 갈렙은 하나님께서 약속하신 말씀을 붙들고 함께하실 하나님을 믿으며 담대하게 말씀을 선포했다. "그들은 우리의 먹이라"(민 14:9). 여호수아와 갈렙처럼 강하고 담대한 믿음으로 나아갈 때 하나님의 역사를 증언하는 참된 증인이 될 수 있다. 나 역시 오랜 목회 여정 동안 모든 문제의 해결자이신 하나님을 전적으로 의지하며 문제 속에서 답을 찾는 목회를 해왔다.

인생을 살다 보면 예측할 수 없는 광풍을 만나기도 하고 때로는 광야와 같은 길을 걷기도 하고 요셉처럼 인생의 구덩이에 던져지기도 한다. 내 의지와 상관없이 그렇게 던져진다. 그러나 하나님을 전적으로 의지하는 자는 어떤 상황에서도 주님의 든든한 팔을 베개 삼아 참평안을 누리게 된다. 이것이야말로 진짜 살아 있는 믿음 아닌가?

나는 지금 뇌종양 수술을 받고 항암 중에 있다. 여전히 내 안에는 하나님께서 완치시켜주실 것이라는 굳건한 믿음이 있다. 물론 나의 생명은 오직 하나님께 달려 있음을 나도 잘 알고 있다. 그리 아니하실지라도 나는 오늘이라는 선물 같은 하루에 감사하며 하나님이 주시는 평안의 숲길을 걷는다. 내 모든 삶이 숨 쉬는 것조차도 우리 주님 손에 달려 있음을 매일 느끼면서 말이다.

오늘 하루도 주님과 동행하길 소원하며 하나님께서 내게 주신 산지를 향한 여정을 절대 멈추지 않을 것이다.

그 날에 여호와께서 말씀하신 이 산지를 지금 내게 주소서 당신도 그 날에 들으셨거니와 그곳에는 아낙 사람이 있고 그 성읍들은 크고 견고할지라도 여호와께서 나와 함께 하시면 내가 여호와께서 말씀하신 대로 그들을 쫓아내리이다(수 14:12).